पाकिस्तान डायरी

पाकिस्तान डायरी

ज़ाहिदा हिना

वाणी प्रकाशन

वाणी प्रकाशन का 'लोगो'
विख्यात चित्रकार मक़बूल फ़िदा हुसेन की
कूची से

ISBN : 978-93-5229-155-7

वाणी प्रकाशन
21-ए, दरियागंज, नयी दिल्ली-110002
द्वारा प्रकाशित

फोन : 0091#11#23273167, 23275710
फैक्स : 0091#11#23275710
ई-मेल : vaniprakashan@gmail.com
vani_prakashan@yahoo.com
वेबसाइट : www.vaniprakashan.com
प्रथम संस्करण : 2006
द्वितीय आवृत्ति संस्करण : 2009

मूल्य : 100.00

जय भारत प्रिंटिंग प्रेस, शाहदरा, दिल्ली-110032
द्वारा मुद्रित

PAKISTAN DIARY
by : Zahida Hina

मैंने एक सीढ़ी बनायी

श्री गोपी चन्द नारंग उर्दू के एक जदीद दानिश्वर अदीब और नक्काद हैं। दुनिया उनकी आलमी और अदबी खिदमात का ऐतराफ करती है। मैं इनके नियाज़मंदों में से हूँ। वाणी प्रकाशन के अरुण माहेश्वरी से उन्होंने 2001 में मेरी मुलाकात करायी थी। उस वक्त से अरुण जी और इनके घराने से मेरा गहरा सम्बन्ध है। मुझे इस वक्त दिल्ली की वह शाम याद आ रही है, जब वाणी प्रकाशन के नये दफ़्तर में मेरी मुलाकात बाप्सी सिधवा, कमलेश्वर , डॉ. नामवर सिंह, अशोक वाजपेयी, डॉ. निर्मला जैन, ओम थानवी, मन्नू भंडारी और हिन्दी के कई दूसरे नामवर अदीबों और शायरों से हुई थी। एक यादगार मुलाकात! इस वक्त तक अरुण जी मेरा उपन्यास 'न जुनूं रहा न परी रही' प्रकाशित कर चुके थे, पर अब, दैनिक भास्कर में छपने वाले मेरे कॉलमों का संग्रह भी इनके प्रकाशन से छपने जा रहा है। इसकी भी एक कहानी है। लगे हाथों वह भी सुन लीजिये।

वह जनवरी 2005 की कोई तारीख थी, जब भोपाल से मेरे पास राज कुमार केसवानी का फोन आया। वह मुझसे दैनिक भास्कर में हर हफ्ते 'पाकिस्तान डायरी' लिखने की बात कह रहे थे। मुझे यूं महसूस हुआ जैसे वह मुझसे कह रहे हों कि सियासत पर तो बहुत कुछ छपता रहा है, लेकिन करोड़ों की तादाद में तो वे लोग हैं, जो एक-दूसरे के सुख-दुख समझना चाहते हैं, जिनके रिश्ते एक-दूसरे से हैं, जिनके इतिहास और जिनके रस्म-ओ-रिवाज का आज भी बँटवारा न हो सका। सिंध है जिसकी सरहदें राजस्थान से जुड़ी हैं, दोनों तरफ का पंजाब है, उर्दू बोलने वाले हैं, जो हिंदुस्तान के हर कोने से आये हैं। ये लोग एक-दूसरे के साथ अमन-चैन से रहना चाहते हैं। इस वक्त मुझे युनाइटेड नेशन के आँगन में रखा हुआ पिस्तौल का मुज्समा याद आया, जिसकी नाल को शिल्पकार ने गिरह लगा

दी है। मुझे ख्याल आया कि मैं अपने शब्दों से किसी एक बंदूक की नाल को भी गिरह लगा दूँ तो समझूँगी कि जिन्दगी सफल हो गयी। 1979 के कराची में पाक-हिन्द प्रेम सभा कायम करने वाले चंद लोगों में से एक मैं भी थी। उस वक्त से आज तक मैंने हमेशा अपने ख़ते में अमन और इन्साफ़ के लिए लिखा है। और अब केसवानी जी मुझे यह मौका दे रहे थे कि अब मैं अपनी तरह सोचने वालों की बात को हिन्दुस्तान के शहरों-कस्बों और देहातों तक फैलाऊँ। मेरे लिए इससे बड़ी बात भला क्या हो सकती थी।

उस वक्त से अब तक एक साल गुजर चका है, 'दैनिक भास्कर' में हर हफ्ते 'पाकिस्तान डायरी' छपती है और इसको पढ़ने वाले मुझे दिल्ली, लखनऊ, इलाहाबाद में मिलते हैं। दिल्ली की मुख्यमंत्री श्रीमती शीला दीक्षित के घर के लॉन पर चाय का लुत्फ उठाते हुए और वहाँ राजस्थान के एक अस्सी साला मेहमान अदीब श्री विजयदान देथा मुझे पहचान रहे हैं, मेरे लेखन की दाद दे रहे हैं और मेरा सर उनके आशीर्वाद से झुक रहा है।

बचपन में हम सब भी चाँद तक पहुँचने के लिए दिल ही दिल में कैसी सीढ़ियाँ बनाते हैं, 'दैनिक भास्कर' में छपने वाली 'पाकिस्तान डायरी' भी एक ऐसी ही सीढ़ी है, जिसे मैंने शब्दों रो बनाया है और इस पर से होकर हिन्दुस्तानी जनता के दिलों में उतरने की कोशिश की। उन्हें बताना चाहा है कि आपके और हमारे दुःख एक जैसे हैं। इन दुःखों से निबटने का एक ही तरीका है कि हर बंदूक की नाल में हम गिरह लगा दें और तोप की नाल में एक फ़ाख्ता रख दें—अमन की फ़ाख्ता। 'पाकिस्तान डायरी' अगर किताब की शक्ल में आप तक पहुँच रही है तो इसका श्रेय अरुण माहेश्वरी को जाता है जो इतवार के रोज उसे पढ़ते हैं और खुश होते हैं और अब उन्होंने दूसरों को भी इस खुशी में शामिल करने का फैसला किया है।

—ज़ाहिदा हिना

अनुक्रम

बेरहम बर्फ़, ठंडा लहू और ठिठुरती इंसानियत

आपके यहाँ से मौसम के ठंडे होने की खबरें आ रही हैं, हमारे यहाँ भी सर्दी रोज़-ब-रोज़ बढ़ रही है। अमीर इस मौसम का लुत्फ़ उठा रहे हैं, ख़ुश्क मेवे और कॉफ़ी से दिल बहला रहे हैं और ग़रीब बेहाल हैं। पुराने स्वेटर और मफ़लर, जो अब से पहले ठेले पर दस-बीस रुपये में मिल रहे थे, अब उनकी क़ीमत तीस या चालीस रुपये हो चुकी है। लोग सड़कों पर ख़ुश्क पत्तों और रद्दी काग़ज़ों को जलाकर आग तापते हुए नज़र आते हैं। सबसे तबाह हाल मुज़फ़्फ़राबाद, रावलाकोट और उन दूसरे इलाक़ों में रहने वालों का है, जो ज़लज़ले की ज़द में आए और अब तक उनके रहने का मुनासिब इंतज़ाम नहीं हो सका है। वे लोग, जो ख़ेमों में पड़े हैं, उनका हाल भी तबाह है, इसलिए कि बेशतर ख़ेमे न वाटर प्रूफ़ है और न उन्हें गरम रखने का इंतज़ाम है। उन ख़ेमों की तस्वीरें छपी हैं, जिन पर चार और पाँच फ़ीट बर्फ़ गिरी हुई है। निमोनिया और ठंड से होने वाली दूसरी बीमारियाँ तेज़ी से बढ़ रही हैं। रोज़ाना दस-बीस बच्चों के ख़त्म होने की ख़बरें आ रही हैं। यूनिसेफ व दूसरी ग़ैर-मुल्की और पाकिस्तानी इमदादी एजेंसियों का कहना है कि अगर हंगामी तौर पर कोई इंतज़ाम नहीं किया गया, तो इसी ठंड से दो-चार सौ नहीं, हज़ारों लोग ख़त्म हो जाएँगे, जिनमें सबसे बड़ी तादाद बच्चों की होगी।

धुंध, बारिश और बर्फ़ की वजह से अकसर हेलीकॉप्टर उड़ नहीं पाते और उनके पायलट बेहतर मौसम का इंतज़ार करते रहते हैं। यही वजह है कि इमदादी सामान मौजूद होने के बावजूद सर्दी

से ठिठुरते लोगों तक नहीं पहुँचाया जा सकता। अब लोगों को डर इस बात का है, कहीं यह न हो कि वे लोग जो ज़लज़ले से बच निकले थे, सर्दी का निवाला बन जाएँ।

शहरों और बस्तियों में टेंपरेचर गिरता है, तो इसका मुक़ाबला करने के लिए गरम कपड़े, आग और चाय या क़हवे की मदद ली जाती है, लेकिन कभी यूँ भी होता है कि इंसानों की इंसानियत ठिठुर कर रह जाती है और वे दरिंदे बन जाते हैं। चंद दिनों पहले कराची में दरिंदगी का ऐसा ही वाक़या हुआ, जिस पर यक़ीन नहीं आता। हुआ यूँ कि एक शख़्स ने अपने अज़ीज़तरीन दोस्त की बेटी को क़त्ल कर दिया। और क़त्ल भी यूँ किया कि वह ग्यारह बरस की इस बच्ची को किसी बहाने अपने घर ले गया, वहाँ उसके साथ बलात्कार किया और फिर उसकी लाश के आठ टुकड़े कर, उन्हें पॉलीथिन में लपेट कर अलमारी में छुपा दिया। सारे शहर में बच्ची ढूँढ़ी जा रही थी और वह भी अपने दोस्त के साथ इस बच्ची को ढूँढ़ने का नाटक रचाता रहा, जिसके वह टुकड़े करके घर में रख आया था। बात जब खुली और उसे पकड़ा गया, तो उसने रोना-पीटना शुरू कर दिया और यह कहने लगा कि मैं तो उस लड़की से बहुत मुहब्बत करता था। वह मेरे लिए बेटियों की तरह थी। मैं जब कभी बाहर से आता, उसके लिए तोहफ़े लेकर आता। मैं बुरा आदमी नहीं हूँ। यह काम मैंने नहीं, शैतान ने किया है। शैतान का नाम हर क़ातिल, हर गुनहगार लेता है। इसलिए कि यह सबसे आसान काम है, लेकिन इससे हक़ीक़त नहीं बदलती। उस शख़्स पर अब मुक़दमा चलेगा, उसे शायद फाँसी या उम्रक़ैद की सज़ा भी हो जाए, लेकिन इससे वह हँसती-खेलती बच्ची वापस नहीं आ सकती, न उसके माँ-बाप का ग़म कम हो सकता है।

लेकिन कुछ बाप ऐसे होते हैं, जो खुद शैतान का रूप धर लेते हैं। मुझे कुछ दिनों पहले का एक वाक़या याद आया। पंजाब के एक क़स्बे से दहला देने वाली ख़बर आई कि एक बाप ने चार शिकारी कुत्तों के एवज़ में अपनी कम-उम्र बेटी एक बूढ़े के हाथ बेच दी।

इस ख़बर की तफ़्सील कुछ यूँ है कि एक शख़्स शिकारी कुत्तों

का बहुत शौक़ीन था। उसके क़स्बे में एक बूढ़े के पास बहुत उम्दा शिकारी कुत्ते थे। यह उन कुत्तों को ख़रीदने गया, तो बूढ़े ने जो दाम बताए, उसकी गिरह में नहीं थे। बूढ़े ने कुत्तों के लिए उसकी बेक़रारी देखी, तो कहा कि तुम्हारी बेटी ख़ूबसूरत है, कम-उम्र है, कुछ दिनों में तुम्हें इसकी शादी करनी पड़ेगी, तो दान-दहेज भी देना होगा। तुम ऐसा करो कि अपनी बेटी मुझे दे दो और मेरे चारों शिकारी कुत्ते ले जाओ। बाप का खुशी से बुरा हाल हो गया। वह भागा हुआ घर गया, बेटी को लाकर बूढ़े के हवाले कर दिया और ख़ुद चार शिकारी कुत्ते लेकर घर आ गया।

जहाँ ऐसे शिकारी बाप मौजूद हों, वहाँ दूसरों को क्या कहा जाए। आज तमाम बातें ग़मनाक हो गईं, इसलिए अब कुछ दूसरी बातें भी हो जाएँ। मैं इससे पहले के कॉलम में कारा फिल्म फेस्टिवल के बारे में लिख चुकी हूँ। यह फेस्टिवल चूँकि बहुत कामयाब हुआ, इसलिए अब इसे इस्लामाबाद में मनाने की तैयारियाँ हैं। इस्लामाबाद वज़ीरों, सफ़ीरों और अमीरों का शहर है, इसलिए इस फेस्टिवल का आयोजन करने वालों को यक़ीन है कि यह बहुत कामयाब होगा। दिल्ली में भी कथा एशिया फिल्म फेस्टिवल होने वाला है। इस फेस्टिवल के क्यूरेटर प्रबोध मुखर्जी की कोशिश है कि चंद पाकिस्तानी फ़िल्में इसमें शरीक हो जाएँ। इस सिलसिले में उन्होंने मुझसे राब्ता (संपर्क) किया है, क्योंकि मैं कथा-कहानी फेस्टिवल में शिरकत करने के लिए दिल्ली जा रही हूँ। मुखर्जी की ख़्वाहिश है कि मैं वे फिल्में अपने साथ लेकर आऊँ। अगले कॉलम में आपको इस बारे में कुछ बताऊँगी। इसलिए कि उस वक़्त तक मैं दिल्ली पहुँच चुकी होऊँगी। और हाँ, चलते-चलते यह भी बता दूँ कि इन दिनों मेहदी हसन साहब की तबीयत भी कुछ नासाज़ है। इसके बावजूद वह बहुत खुश हैं, क्योंकि हिंदुस्तान के गायक तलत अज़ीज़ कराची आए हुए हैं और हर वक़्त उनकी ख़िदमत में हाज़िर रहते हैं।

15 जनवरी, 2006

नये साल की ख़ुशी में फायरिंग

एक ज़माना था कि पाकिस्तान ख़ासतौर से कराची में नया साल धूमधाम से मनाया जाता था। तमाम बड़े होटल और रेस्तराँ सज जाते थे, मौसीक़ी का ख़ास एहतमाम होता था। जिन होटलों में बॉलरूम थे, वहाँ डांस पार्टियों की तैयारियाँ होती थीं। शराब की बोतलें हफ़्तों पहले इकट्ठी कर ली जाती थीं, घरों में भी न्यू ईयर पार्टियों का इंतज़ाम होता था और 31 दिसंबर की रात बारह बजे पटाख़ों के शोर, मौसीक़ी के सैलाब, लोगों के क़हक़हों और एक-दूसरे को दी जाने वाली मुबारकबादों से सारी फ़िज़ा गूँज उठती थी।

जनरल ज़ियाउलहक़ का मार्शल लॉ आया, तो जम्हूरियत (लोकतंत्र), बोलने-लिखने की आज़ादी और मानवाधिकारों के साथ-साथ नये साल की तक़रीबात पर भी पाबंदियाँ लगीं। ऐसी पाबंदियाँ कि हर साल 31 दिसंबर की शाम से तमाम होटल, रेस्तराँ और सिनेमाघर ज़बर्दस्ती बंद करा दिए जाते और उन पर पुलिस का पहरा होता था। कराची के लोगों ने इन पाबंदियों का यह तोड़ निकाला कि समंदर के साहिल पर इकट्ठा होकर नाचने-गाने और नये साल की खुशियाँ मनाने लगे। तब मज़हबी जमाअतों के रज़ाकारों ने हथियारों से लैस होकर समंदर जाने वाले रास्तों पर पहरा देना शुरू कर दिया। हर नये साल के मौक़े पर खुशियाँ मनाने वालों और रोकने वालों के दरमियान पानीपत की जंग होती। दर्जनों ज़ख़्मी होते, तब भी खुशियाँ मनाने से बाज़ नहीं आते थे।

जनरल ज़ियाउलहक़ के बाद नये साल की खुशियाँ मनाने वालों पर से पाबंदियाँ तो ख़त्म नहीं हुई, लेकिन अब वह पहले वाली शिद्दत नहीं रही है। इस साल भी कराची के लाखों शहरियों ने साहिलों का रुख़ किया और शदीद सर्दी के बावजूद समंदर में नहाए, गाने गाए और नाचे। सुना है चोरी-छुपे शराब भी पी गई। आतिशबाज़ी पर पाबंदी थी, लेकिन सारा शहर धमाकों से गूँज रहा था। नौजवानों ने नये साल की खुशी में जी खोल कर फायरिंग की। इसका नतीजा यह निकला कि दर्जनों बड़े और बच्चे भूली-भटकी गोलियों से जख़्मी हुए और अस्पताल लाए गए। शायद अगले बरस मुल्क में कोई ऐसी हुकूमत हो, जो लोगों से नये साल की खुशियाँ मनाने का हक़ नहीं छीने और वह 365 दिनों में से एक दिन तो अपनी मर्ज़ी से गुज़ार सकें।

आज़ादी का ज़िक्र निकला, तो मुझे मशहूर समाजी कार्यकर्ता अब्दुस्सत्तार ऐधी याद आए। वह ऐसी तमाम पाबंदियों के ख़िलाफ़ हैं। नये साल के मौक़े पर ऐधी साहब और उनकी बेग़म बिलक़ीस ऐधी ने कहा कि इक्कीसवीं सदी में दाख़िल होने के बावजूद हमारे जैसे पिछड़े हुए मुल्कों में इंसानी हुक़ूक़ की हालत आज भी वही है, जो कई सदियों पहले थी।

बदक़िस्मती से आज भी पढ़े-लिखे लोग अपनी बेटियों को तालीम हासिल करने और टी.वी. देखने की इजाज़त तो दे देते हैं, लेकिन जब यही लड़कियाँ समाजी नाइंसाफ़ियों के ख़िलाफ़ आवाज़ उठाती हैं या अपनी मर्ज़ी से शादी करना चाहती हैं, तो उन्हें कारोकारी के नाम पर क़त्ल कर दिया जाता है। तालीम के बावजूद जहालत के ज़माने के वहशियाना रस्मो-रिवाज पर चला जा रहा है। इंसानी आज़ादी के दावों के बावजूद इंसान, समाजी तौर पर गुलामी की ज़ंजीरों में जकड़ा हुआ है। ऐधी दंपती ने कहा है कि पाकिस्तान में तथाकथित प्रतिष्ठा के नाम पर लड़कियों को क़त्ल करने की जाहिलाना सोच के ख़िलाफ़ आवाज़ बुलंद करना ज़रूरी है।

सिंध के हालात से यह पैग़ाम मिलता है कि 2005 में भी सिंध अशांति, भूख और बदहाली का शिकार रहा। एक अख़बारी रिपोर्ट के मुताबिक़, पिछले साल सिंध में 1355 लोग क़त्ल और 1212 अग़वा

किए गए। जबकि 1610 खुदकुशी की घटनाएँ हुईं। कारोकारी, क़बायली झगड़ों और बदला लेने की घटनाओं में 350 लोगों को क़त्ल किया गया। क़त्ल होने वालों में 30 फ़ीसदी तालीमयाफ़्ता, 70 फ़ीसदी अनपढ़ थे। 380 क़त्ल के मामले सक्खर, 260 हैदराबाद, 430 लाड़काना, 240 मीरपुर ख़ास डिविज़नों और 50 कराची में पेश आए। सिंध के शहरों और देहातों से 1210 लोगों को अग़वा किया गया और उनको आज़ाद करने के लिए लाखों का तावान (फिरौती) तलब किया गया। इसके अलावा दो जजों ने भी तावान अदा करके रिहाई हासिल की। उत्तरी सिंध में अग़वा के मामलात सबसे ज़्यादा हुए, जिनमें से ज़्यादातर तावान की अदायगी के बाद रिहा हुए और जो लोग यह रक़म अदा नहीं कर सके, वह इस वक़्त भी सिंध के कच्चे के इलाक़ों और जंगलात में मुसीबतज़दा ज़िंदगी गुज़ार रहे हैं। अग़वा होने वालों में 60 फ़ीसदी हिंदू सेठ और 40 फ़ीसदी मुसलमान हैं।

दूरदराज़ के इलाक़ों में तार के ज़रिए ख़बर पहुँचने का सिलसिला हमारे यहाँ सात जनवरी से ख़त्म हो गया। इसकी वजह यह है कि सरकार ने तार भेजने पर पाबंदी लगा दी है। उसके मुताबिक़ आज जब इंटरनेट और मोबाइल दूरदराज़ के क़स्बों और देहातों में पहुँच चुके हैं तो फिर तार के ज़रिए कोई इत्तिला पहुँचाने की क्या तुक है। सरकार की बातें सरकार ही जाने लेकिन मैं तो इतनी-सी बात जानती हूँ कि तार का सिलसिला बंद होने से वह रौनक़ ख़त्म हुई, जो आधी रात को किसी घर के दरवाज़े पर तार वाले के पहुँचने और 'टेलीग्राम' की हाँक लगाने से होती थी। दिल दहल जाता था कि कोई बुरी ख़बर न हो, फिर फ़ौरन ही यह ख़याल भी आता था कि शायद कोई अज़ीज़ हमारे यहाँ आने वाला है या किसी के यहाँ बेटा हुआ है और कभी-कभी किसी के इम्तिहान में कामयाब होने की ख़बर भी तार से मिलती थी। लोग अब इस घबराहट और खुशी दोनों से महरूम (वंचित) हुए। देखना यह है कि कब डाकिया हमारे यहाँ फ़ालतू समझ लिया जाए? जाने आप के यहाँ भी तार भेजे जाते हैं या नहीं?

8 जनवरी, 2006

सियासत में गर्मी, कारों का हुजूम और अवार्ड हिंदुस्तान को

सारा मुल्क इन दिनों सर्दी की चपेट में है, लेकिन पाकिस्तानी सियासत का पारा आहिस्ता-आहिस्ता गरम हो रहा है। बज़ीरिस्तान में मारामारी अभी कम नहीं हुई थी कि बलूचिस्तान से लगातार परेशान करने वाली ख़बरें आ रही हैं। बलूचिस्तान के क़ौमपरस्त (राष्ट्रवादी) लीडरों के बयानात गरम होते जा रहे हैं। फ्रंटियर कांस्टेबलरी के सिपाहियों ने मशहूर क़ौमपरस्त लीडर अकबर बगटी के डेरे (हवेली) को घेर लिया है। उधर, जनरल परवेज मुशर्रफ़ के दौरा-ए बलूचिस्तान के मौक़े पर कथित रूप से कोहलू में आठ रॉकेट मारे गए, जिनका निशाना जनरल मुशर्रफ़ तो न थे, लेकिन यह काम हुकूमते-पाकिस्तान के ख़िलाफ़ बलूच नौजवानों के ग़ुस्से का इज़हार ज़रूर था। बलूचिस्तान लिबरेशन आर्मी ने इन रॉकेट हमलों की ज़िम्मेदारी क़बूल कर ली है। हुकूमत और बलूच क़ौमपरस्तों के दरम्यान मार्च, 2005 में भी शदीद तनाव था, जो सुलह की कोशिशों से भी कम न हुआ था। लेकिन अब एक बार फिर दोनों तरफ़ से टकराव की तैयारियाँ हैं।

सरदार बकटी ने बीबीसी को जो इंटरव्यू दिया है, वह बहुत सख़्त है। उन्होंने कहा है कि डेरा बकटी को घेरे में ले लिया गया है और फ़ौजी एक्शन के लिए दो हज़ार फ़ौजी जवान भेजे गए हैं, जबकि पंद्रह हजार फ़ौजी जवान पहले से मौजूद हैं। ये सब कुछ

हमें मारने के लिए हो रहा है। अख़बारनवीसों का कहना है कि डेरा बकटी और कोहलू में बलूच जंगजुओं और फ्रंटियर कांस्टेबलरी के दरम्यान रॉकेटों और आधुनिक हथियारों से फायरिंग का सिलसिला शुरू हो चुका है। इस इलाक़े पर गनशिप हेलीकॉप्टर और जासूस हेलीकॉप्टर भी लगातार उड़ानें भर रहे हैं।

ये परेशानियाँ अपनी जगह हैं, इनमें एक नयी परेशानी काला बाग़ डैम की तामीर का ऐलान है। मैंने पिछले कॉलम में भी इस पर हुकूमते-पाकिस्तान और जनरल मुशर्रफ़ के सख़्त रवैये के बारे में लिखा था। पाकिस्तान के तीन सूबे सिंध, बलूचिस्तान और सरहद डैम के सख़्त ख़िलाफ़ हैं। सिंध वालों का कहना है कि दरिया-ए-सिंध पर इस डैम के बनने से सारा पानी पंजाब को चला जाएगा और हमारी हरी-भरी ज़मीनें बंजर हो जाएँगी। इस बारे में पीपुल्स पार्टी और सिंध की क़ौमपरस्त जमातें एक आवाज़ हैं। सबसे हैरान करने वाली बात यह है कि एमक्यूएम, जो हिंदुस्तान से वतन छोड़कर यहाँ आने वालों की सियासी नुमाइंदगी (प्रतिनिधित्व) की दावेदार है और पिछले बीस बरसों से सिंध के शहरी इलाक़ों में भारी अक्सरियत (बहुमत) से इलेक्शन जीतती रही है, यह पार्टी जनरल परवेज मुशर्रफ़ की सरकार का बहुत अहम हिस्सा है और उसके वोटों से वजीरे आज़म शौकत अज़ीज़ की हुकूमत को मदद मिली हुई है, उसने काला बाग़ डैम की हिमायत (समर्थन) से एकदम इनकार कर दिया है। उसका कहना है कि हम ऐसे किसी भी प्रोग्राम की हिमायत नहीं करेंगे, जो सिंध के मुकामी लोगों को कुबूल न हो। हमारा मरना-जीना सिंध के मुकामी लोगों के साथ है, हम उनके फ़ायदों की पूरी हिफ़ाज़त करेंगे। यह रुख़ जनरल मुशर्रफ़ को हैरान भी कर रहा है और परेशान भी। हद तो यह है कि जनरल मुशर्रफ़ की बनाई हुई क्यू मुस्लिम लीग में भी इस मसले को लेकर फूट पड़ गई है। पंजाब क्यू मुस्लिम लीग एक तरफ़ है, जबकि तीनों सूबों की क्यू मुस्लिम लीग इस डैम के बनाए जाने के ख़िलाफ़ है। इस तरह जनरल साहब ने जिस इश्यू को अपनी वर्दी के ख़िलाफ़ होने वाले एहतज़ाज (विरोध) से तवज्जो हटाने के लिए खड़ा किया

था, अब वह ख़ुद उनके लिए एक मसला बन गया है। ग़रज़ यह साफ़ नज़र आ रहा है कि आने वाले दिनों में सरहद और बलूचिस्तान की तरह सिंध में भी सियासी तापमान बहुत बढ़ने वाला है।

कराची के शहरियों का ग़ुस्सा इस मामले में बहुत बढ़ रहा है कि पिछले दिनों बैंकों ने कार लीज़िंग का सिलसिला शुरू किया, जिसका नतीजा यह निकला कि शहर में कारों की तादाद में तीन सौ फ़ीसदी का इज़ाफ़ा हो चुका है। सड़कें छोटी पड़ गई हैं और ट्रैफिक जाम रोज़ाना का मामूल हो चुका है। इस पर से सितम रोज़ की वीवीआईपी मूवमेंट है। शहर में जनरल परवेज़ मुशर्रफ़ या वज़ीरे आज़म का आना, कराची वालों के लिए एक क़यामत होता है। सारी बड़ी सड़कें बंद कर दी जाती हैं और शहरी घंटों इस जाम में फँसे रहते हैं। पिछले दिनों कई एंबुलेंस गाड़ियाँ भी इस भीड़भाड़ में फँस गईं और उनमें सफ़र करने वाले दो मरीज़ इसलिए दम तोड़ गए कि वह वक़्त पर अस्पताल नहीं पहुँचाए जा सके थे।

वक़्त पर तो जनरल परवेज़ मुशर्रफ़ और उनकी बेगम भी पाँचवें कारा फिल्म फेस्टिवल के अवार्ड समारोह में नहीं पहुँचे थे। सिक्योरिटी एक अहम वज़ह थी। इसका अंदाज़ा इससे कीजिए कि फेस्टिवल का यह इकलौता प्रोग्राम था, जो पाकिस्तान एयरफोर्स म्यूज़ियम में हुआ। इस म्यूज़ियम में सिक्योरिटी की मुकम्मिल ज़िम्मेदारी आर्मी और एयरफोर्स की थी, इसलिए जनरल साहब यहाँ 'महफूज़' थे। ऐसी जगहों पर वह अमूमन हेलीकॉप्टर से जाते हैं। ख़ैर, यह तो अलग बात है। मैं इससे पहले भी कारा फिल्म फेस्टिवल के बारे में लिख चुकी हूँ, लेकिन इसमें अवार्ड वाला सेशन रह गया था। मुख़्तलिफ़ कैटेगरीज़ में जर्मनी, ईरान, इंग्लिस्तान, लिथोनिया और पाकिस्तान की फिल्मों या उनमें काम करने वालों को सीपी अवार्ड मिले, लेकिन उन सब में हिंदुस्तान नंबर मार ले गया और उसकी फिल्मों और एक्टरों को पाँच अवार्ड मिले। पाकिस्तान की 'ख़ामोशी', हिंदुस्तान की 'शाहरुख़ ख़ान की मौत', 'मैंने गाँधी को नहीं मारा', 'आई फॉर इंडिया' को लोगों से बहुत दाद मिली, जबकि डॉक्यूमेंट्री

फिल्म 'वीमेन ऑफ़ द होली किंगडम' को ख़ास तवज्जो से देखा गया, जिसमें सऊदी अरब में रहने वाली औरतों की ज़िंदगी का जायज़ा लिया गया है। यह एक कंट्रोवर्शियल डॉक्यूमेंट्री है। इसके देखने वालों में कुछ लोग खुश हुए और कुछ बहुत नाराज़। आप खुद ही समझ जाएँ कि नाराज़ कौन हुए होंगे।

25 दिसंबर, 2005

सियासी हंगामेबाज़ी के बीच किताबें

पाकिस्तान के सियासी हलक़ों में इन दिनों दो बातें बहुत ज़ोर-शोर से हो रही हैं। एक जनरल परवेज़ मुशर्रफ़ की वर्दी का मसला है, जो कॉमनवेल्थ शिखर वार्ता में हलके सुरों में उठा, लेकिन इस बात की गूँज पाकिस्तान में ज़ोरदार अंदाज़ में सुनी गई। और अब इससे कहीं बड़ा मसला काला बाग़ डैम का है।

काला बाग़ सूबा सरहद की एक छोटी-सी बस्ती है, जहाँ से दरिया-ए-सिंध गुज़रता है। हुकूमते-पाकिस्तान लगभग 25 बरसों से इस जगह पर एक डैम बनाने की बात कर रही है। पाकिस्तान के तीन सूबे सरहद, सिंध और बलूचिस्तान इसकी सख़्त मुख़ालिफ़त कर रहे हैं। इन तीनों सूबों की असेंबलियाँ भी इस डैम के बनाए जाने को मना कर चुकी हैं, सिर्फ़ पंजाब काला डैम के हक़ में है, जबकि सबसे ज़्यादा मुख़ालिफ़त सिंध के सूबे में है, जिसका कहना है कि इस डैम के बनने से सिंध की ज़मीनें बंजर हो जाएँगी।

जनरल ज़ियाउलहक़ अपनी 11 साला हुकूमत के ज़माने में बार-बार इस डैम के बनाए जाने का ऐलान करते रहे। सूबों में शोर-शराबा मचता रहा और हर मर्तबा यह प्लान सर्दख़ाने (ठंडे बस्ते) में रख दिया गया। जनरल मुशर्रफ़ भी कई बार इसकी तामीर की बात कर चुके थे, लेकिन चंद दिनों पहले कराची आकर उन्होंने बहुत ज़ोरदार अंदाज़ में इसे बनाने की बात की है। इस ऐलान से सिंध की नाराज़गी में बेपनाह इज़ाफ़ा हुआ है।

यूँ महसूस हो रहा है, जैसे पाकिस्तान की सियासत में एक बार फिर इंतहा दर्जे की गर्मागर्मी होने वाली है। एक ऐसे ज़माने में, जबकि मुल्क की दोनों मक़बूल-तरीन (अत्यधिक लोकप्रिय) सियासी जमाअतों के रहनुमा बेनज़ीर भुट्टो और मियाँ नवाज़ शरीफ़ फ़ौजी हुकूमत के दबाव की वजह से मुल्क से बाहर हैं, इस तरह के ख़तरनाक सियासी मसले छेड़ना मुल्क के लिए अच्छा साबित नहीं होगा। कुछ लोगों का कहना है कि जनरल मुशर्रफ़ ने अपनी वर्दी के मसले से तवज्जो हटाने के लिए यह मसला छेड़ा है।

कुछ का ख़याल है कि इस तरह वह पाकिस्तान की सियासी जमाअतों को तक़सीम कर देना चाहते हैं, क्योंकि पंजाब काला बाग़ डैम के बनने का हामी है, जबकि दूसरे सूबों की सियासी जमाअतें इसके सख़्त ख़िलाफ़ हैं। सियासी जमाअतों में इस मसले पर फूट पड़ने से असल फ़ायदा जनरल मुशर्रफ़ को होगा, क्योंकि इस तरह मुल्क में जम्हूरियत बहाल करने की कोई बड़ी और भरपूर मुहिम नहीं चल सकेगी। इसके ख़िलाफ़ कुछ लोगों के ख़याल में जनरल परवेज़ मुशर्रफ़ काला बाग़ डैम बनाने का कोई इरादा नहीं रखते, लेकिन इस मसले पर वह मुल्क की सियासी ताक़तों को धौंस देते रहते हैं कि वह जब चाहें और जो चाहें फ़ैसला कर सकते हैं, चाहे इसके ख़िलाफ़ कितना ही शोर क्यों न मचे।

शोर तो इस बात के ख़िलाफ़ भी मच रहा है कि पहले पंजाब के सांगला हिल में चर्च की बेहुरमती हुई और अब सिंध के हिंदुओं के मंदिरों और सिखों के एक गुरुद्वारे की ज़मीन पर नाजायज़ क़ब्ज़ा कर लिया गया है। हमारे यहाँ नाजायज़ क़ब्ज़े का तो यह आलम है कि कराची की एक पुरानी नदी, जो लियारी नदी के नाम से मशहूर है, उसके अंदर (जी हाँ, नदी के अंदर) नाजायज़ क़ब्ज़ा हुआ और यह क़ब्ज़ा तीस-चालीस बरस पुराना हो चुका है। कराची के ट्रांसपोर्ट के मसाइल को हल करने के लिए 'लियारी एक्सप्रेस-वे' तामीर करना शुरू किया गया, लेकिन अब तक नदी की ज़मीन पर नाजायज़ क़ब्ज़ा करने वाले नहीं हटाए जा सके हैं। बहुत-से घर गिराए जा चुके हैं, लोगों को उसके एवज़ ज़मीन और पचास हज़ार रुपये के चेक भी

दिए जा चुके हैं, लेकिन लैंड माफिया ने अभी तक हुकूमत के सामने हार नहीं मानी है और सैकड़ों ख़ानदान अभी तक नाजायज़ ज़मीनों पर बैठे हैं और वहाँ से हिलने का नाम नहीं लेते। अपनी जगह से हिलने का नाम तो वे लोग भी नहीं ले रहे थे, जो कराची के एक्सपो सेंटर के एक हॉल में इकट्ठा थे।

यह कराची इंटरनेशनल बुक फेयर का आख़िरी दिन था। मैं उन दिनों शहर से बाहर थी, जब इस बुक फेयर का आग़ाज़ हुआ। इसलिए नुमाइश के आख़िरी दिन और बिलकुल आख़िरी घंटों में पहुँची थी। हमारे यहाँ हर वक़्त इस बात का शोर मचता रहा है कि लोगों ने किताबें ख़रीदना और पढ़ना छोड़ दिया है, लेकिन इस बुक फेयर से यह अंदाज़ा हुआ कि लोग किताबें ख़रीदना भी चाहते हैं और पढ़ना भी। असल मसला यह है कि उन्हें मुनासिब दामों पर अच्छी किताबें तो मिलें। बुक फेयर में हर उम्र और हर तबक़े के लोग आए हुए थे। बच्चों की किताबों की स्टॉल पर इतना ज़्यादा हुजूम था और बच्चें कहानियों की किताबों पर यूँ टूटे पड़ रहे थे, जैसे वहाँ मुफ़्त टॉफियाँ तक़सीम हो रही हों। किताब बेचने वाले निढाल हो रहे थे और माँ-बाप बेहाल, जिनकी जेब से रुपये निकल रहे थे।

किताबों की इस नुमाइश की सबसे बड़ी खुसूसियत यह थी कि हिंदुस्तान के कई बड़े पब्लिशर इसमें शरीक हुए। पाकिस्तान में हिंदुस्तानी किताबों की बड़ी माँग है, यही वजह है कि हिंदुस्तानी स्टॉलों पर बहुत भीड़ थी। कुछ नौजवान लड़के और लड़कियाँ मेडिकल और कंप्यूटर साइंस या जूलॉजी, बॉटनी और केमिकल साइंस की किताबें ख़रीद रहे थे और अदब (साहित्य), तारीख़, सियासत और सोशल रिसर्च की किताबों के रसिया टैगोर, शरतचंद्र चटर्जी, प्रेमचंद और पंडित नेहरू की किताबें माँग रहे थे। इस नुमाइश के इफ़्तिताह (उद्घाटन) के मौक़े पर हिंदुस्तान क्या, सारी दुनिया में मशहूर तारीख़दां (इतिहासकार) प्रो. रोमिला थापर बतौर ख़ास आई थीं। उनकी नयी किताब भी लोगों ने बहुत शौक़ से ख़रीदी।

अगर अगले बरस होने वाली नुमाइश में हिंदुस्तान से ज़्यादा पब्लिशर आएँ और बतौर ख़ास उर्दू की किताबें भी साथ लाएँ, तो

ये किताबें हाथोंहाथ बिकेंगी। साहित्य अकादमी और नेशनल बुक ट्रस्ट, जिसने हिंदी, बांग्ला, तमिल, तेलुगु और दूसरी हिंदुस्तानी ज़बानों के तर्जुमे उर्दू में छापे हैं, उनके लिए पाकिस्तानी मार्केट में बहुत गुंजाइश है। हम तो एसएएफएमए और एपीएनयेस के प्लेटफॉर्म से यह कहते-कहते थक गए कि दोनों मुल्कों की हुकूमतें किताबों, रिसालों और अख़बारों पर डाक खर्च कम करें, लेकिन हुकूमतों को इल्म या अदब के फैलाब से कोई दिलचस्पी नहीं, तभी तो आज तक इस अहम मसले पर कोई ध्यान नहीं दिया गया। यूँ भी हमारे यहाँ बहुत-से लोग ऐसे हैं, जिन्हें नये ख़्यालात से डर लगता है। वे सोचते हैं कि इन किताबों और अख़बारों की बलाएँ अवाम से जितना दूर रहें, सो अच्छा है। ज़बान से जम्हूरियत और लिबरलिज़्म की बात करना एक बात है और इन बातों का प्रचार करने वाले अख़बारों, रिसालों या किताबों का अपने लोगों तक पहुँचना एक और बात है।

वैसे मुझे तो इस नुमाइश से ज़बर्दस्त फ़ायदा यह हुआ कि मैं एलिस थॉमर और मैत्रेयी कृष्णराज की जिस किताब 'आइडियल्स, इमेजेस एंड रियल लाइव्स' को इलाहाबाद, लखनऊ और दिल्ली में ढूँढ़ चुकी थी, वह मुझे यहाँ मिल गई। मेरी समझ में नहीं आ रहा कि इस बुक फेयर का अहतमाम करने वालों का किस तरह शुक्रिया अदा करूँ।

18 दिसंबर, 2005

दिल बहलावे के आसरे

इन दिनों पाकिस्तान में सक़ाफ़ती मुहाज़ (सांस्कृतिक मोर्चे) पर बहुत चहल-पहल और रंगारंगी है। लाहौर में वर्ल्ड परफोर्मिंग आर्ट्स फेस्टिवल चंद दिन पहले ख़त्म हुआ है। यह जश्न दस दिन तक जारी रहा। इसमें पाकिस्तान के मशहूर थिएटर ग्रुप 'रफी पीर थिएटर वर्कशाप' ने रफी पीर मरहूम का लिखा हुआ ड्रामा 'नवाब साहब किबला' पेश किया। यह ड्रामा 1939 में लिखा गया था। यह एक ऐसे नवाब का क़िस्सा है, जो अपनी ऐयाशियों के सबब दिवालिया हो चुका है, इसके बावजूद वह हसीन औरतों की तलाश में रहता है। उनके नाज-नखरे पूरे करने के लिए वह क़र्ज़ के दलदल में धँसता चला जाता है। नौबत जब जायदाद बिकने की आती है, तो यह बात उस पर बिजली बनकर गिरती है कि उसकी जायदाद का असल खरीदार वह शख़्स है, जो बीस बरस उसका मुलाज़िम (नौकर) रहा है। उस मुलाज़िम ने बेईमानी से इतनी रक़म जमा कर ली कि फिर वही नवाब की हवेली ख़रीद लेता है और पाई-पाई को मोहताज हो जाने वाले नवाब को अपने यहाँ नौकर होने की पेशकश करता है। यह ड्रामा जो 1939 में लिखा गया था, उसके किरदारों में अगर ज़रा-सी तब्दीली कर दी जाती, तो वह आज की हक़ीक़तों से ज़्यादा क़रीब हो जाता। मेरी मुराद यह है कि आज पाकिस्तान के बहुत-से जागीरदारों का यही हाल है और उनमें से अकसर अपनी इन्हीं हरकतों की वजह से तबाही की मंज़िल पर पहुँच चुके हैं। नवाबों की हड्डियों

को अब तो चूना भी लग चुका, बेहतर यह है कि उनके मौजूदा भाई-बंदों के चेहरे दिखाए जाएँ।

इस फेस्टिवल में हिंदुस्तान, चीन, फ्रांस, नार्वे, चेकोस्लोवाकिया और चंद दूसरे मुल्कों ने शिरकत की। इसमें 60 फीचर और छोटी फिल्में व डॉक्यूमेंट्रीज दिखाई गईं। पंजाब यूनिवर्सिटी के छात्रों ने पाकिस्तान में आए तबाहकुन (विध्वंसक) ज़लज़ले के बारे में भी एक पुर-असर ड्रामा पेश किया। हर रोज़ पुतलियों का तमाशा हुआ और रोज़ाना लोगों ने मौसीक़ी के मुख़्तलिफ़ प्रोग्रामों में दाख़िल होने के लिए लंबी-लंबी क़तारें लगाईं। इस फेस्टिवल में चार हज़ार फ़नकारों ने अपने फ़न का मुज़ाहिरा किया। ये लोग 67 मुल्कों से आए थे। नाहीद सिद्दीक़ी, फ़सीहुर्रेहमान और निगहत चौधरी ने बेहतरीन कथक पेश किया। अलहमरा ओपन एयर थिएटर में क्लासिकी मौसीक़ी का प्रोग्राम भी हुआ और पॉप म्यूज़िक के मशहूर बैंड भी आए। आरिफ़ लोहार ने अपना चिमटा बजाकर लोगों का दिल मोह लिया। फिर पाकिस्तान की मशहूर लोक गायिका रेशमाँ स्टेज पर आई और अपना मशहूर गीत 'हाय रब्बा लंबी जुदाई' सुनाया, तो महफ़िल में सन्नाटा था और लोगों की आँखों में आँसू। तालियों की गूँज में रेशमाँ रुखसत हुई और बहुत-से लोग यह सोचते रहे कि इतनी पुरसोज़ (दर्दभरी) और दिल के टुकड़े कर देने वाली आवाजें कम क्यों होती जा रही हैं।

इन दिनों रौनक मेले में कराची भी लाहौर से पीछे नहीं रहा। यहाँ धूमधाम से पाँचवें कारा फिल्म मेले का आग़ाज़ 'महटा पैलेस' में हुआ। 'महटा पैलेस' वह हवेली है, जो तक़सीम से पहले एक हिंदू रईस ने अपनी बीमार बीवी के लिए बनवाई थी। कराची वाले इस अजीमुश्शान इमारत पर नाज़ करते हैं और अब यह एक सक़ाफ़ती मरकज (सांस्कृतिक केंद्र) बन चुकी है। इस मर्तबा कारा फिल्म फेस्टिवल सबसे शानदार और बड़े पैमाने पर हुआ। इस मर्तबा फेस्टिवल का स्लोगन था 'सबसे करारा'। पाकिस्तान अभी तक ज़लज़ले के ख़ौफनाक असरात से नहीं सँभला है, इस हवाले से भी एक डॉक्यूमेंट्री दिखाई गई और तमाम न्यूज चैनल्स के वे लोग इस

बातचीत में शरीक हुए, जिन्होंने इस सानिहे से हलाक (मृत) होने वालों और बचे रहने वालों की दिलदोज़ (हृदयस्पर्शी) दास्तान का एक-एक लम्हा टेलीविजन कैमरे की आँख से देखा और लोगों तक पहुँचाया।

कारा फिल्म फेस्टिवल में शिरकत के लिए हिंदुस्तान से महेश भट्ट, सुभाष घई, अनुपम खेर और कई दूसरे अदाकार बतौर ख़ास कराची आए थे। अनुपम खेर की फिल्म 'मैंने गाँधी को नहीं मारा' शहर वालों के दरमियान मौजू-ए-गुफ़्तगू रही। फेस्टिवल के दौरान आज की फिल्म के विषयों पर कई चर्चाएँ हुईं और मौसीक़ी के अहम नामों ने भी अपनी आवाज़ और फ़न से लोगों का दिल शाद किया। फेस्टिवल में दिखाई जाने वाली चार फिल्मों से होने वाली आमदनी ज़लज़ले से मुतास्सिर होने वालों के फंड में दी जाएगी। साथ ही, कारा फिल्म फेस्टिवल से होने वाली कुल आमदनी का दस फ़ीसद भी रिलीफ फंड में जाएगा।

कराची एक अरसे से इस तरह की तक़रीबात (समारोहों) के लिए तरसा हुआ था। कारा फिल्म फेस्टिवल ने शहर वालों को न सिर्फ़ तफ़रीह का सामान मुहैया किया, बल्कि दुनिया भर से आने वाली फिल्मों के विषयों ने उन्हें बहुत कुछ सोचने और गुफ़्तगू करने के लिए भी मुहैया किया। जहाँ उन्होंने गैर-मुल्की (विदेशी) फिल्मों से अपने जौक़ की तसकीन (रुचि तृप्त) की, वहीं कव्वाली ने उनके दिलों को गरमाया। यूँ भी कराची में अब हलकी सर्दी पड़ रही है और रात को इसमें कुछ इज़ाफ़ा हो जाता है। ऐसे में शहर के एक सिरे से दूसरे सिरे तक जाना, स्क्रीन पर नित-नये शहरों और बस्तियों के मंज़रों को देखना नये विषयों की गहराई में उतरना, उस पर दोस्तों के दरमियान बहस-मुबाहिसे का होना और आधी रात को घर जाते हुए किसी अच्छे कैफे में कॉफ़ी पीना, किसी पठान के होटल पर दूध-पत्ती चाय की प्याली से लुत्फ उठाना, फिर डबल मुरादाबादी पत्ती या खुशबू इलायची वाला पान खाना और रास्ते में भिखारी बच्चों और औरतों को हाथ फैलाते हुए देखना, चमकती हुई गाड़ियों को साफ़ करने और एक रुपया माँगने वाले बच्चों की ज़िल्लत (तिरस्कार)

को आँखों के रास्ते दिल में उतारना।

ख़्वाब की दुनिया से वापस आकर बेरहम हक़ीक़तों के टूटे हुए काँच पर चलना, लम्हे भर में याद दिलाता है कि हम जो अपने ख़्वाबों में पहली दुनिया का वासी होने की आरज़ू रखते हैं, हम तो वे हैं, जो तीसरी दुनिया में रहते हैं, जहाँ लोगों की महरूमियों (अभावों) का दलदल है और जहाँ अज़ाबों के जंगल हैं। जिनमें हमारे शहरों, हमारी बस्तियों की अक्सरियत (बहुसंख्या) भटकती रहती है। बस कभी-कभी दिल बहलाने को कोई सहारा कोई आसरा मिल जाता है।

11 दिसंबर, 2005

बिके बचपन की घर-वापसी

बचपन कैसा सुहाना समय है। खाते-पीते घरानों के बच्चों के लिए यह ज़िंदगी का वह मौसम है, जिसमें उनका दामन खुशियों से भरा होता है। महँगे खाने, क़ीमती लिबास, अच्छे स्कूल, सैर-सपाटे के लिए पुरी दुनिया। हमारी मिडिल क्लास के बच्चों को भी उनके माँ-बाप अपनी हड्डियाँ पेलकर बेहतर ज़िंदगी गुज़रवाते हैं। माँएँ सिलाई-कढ़ाई करके उन्हें पढ़ाती हैं, इम्तिहान की या दाख़िले की भारी फ़ीस का मसला हो तो अपने ज़ेवर बेच देती हैं। बाप मुँह अँधेरे घर से निकलते हैं और रात गए थके-हारे वापस आते हैं। लेकिन हमारे उपमहाद्वीप की एक बड़ी आबादी का मुक़द्दर ग़रीबी है। उन्हें न पेट भर कर रोटी मिले, न तन ढाँपने को कपड़ा। ऐसे में बहुत-से ग़रीब अपने बच्चों को अनाथाश्रम की सीढ़ियों पर छोड़ आते हैं और क़हत (अकाल) पड़े, तो बहुत-से उन्हें पाँच किलो चावल या ढाई सौ रुपए के लिए खाते-पीते घरानों के हाथों बेच देते हैं, जहाँ वह सुबह से रात तक अपने मालिकों की ख़िदमत करते हैं। छह-सात बरस के वे बच्चे भी हैं, जिन्हें उनके माँ-बाप किसी गैरेज, किसी होटल, किसी घर में छोड़ आते हैं, जहाँ वह मुश्किल से मुश्किल काम करते हैं और उनके बाप या माँएँ हर पहली को आकर उनकी तनख़्वाह ले जाते हैं।

हमारे यहाँ चार और पाँच बरस के ऐसे बच्चों की अरब अमीरात में बहुत माँग है और क्यों न हो कि यह कम वज़न वाले बच्चे ऊँटों

की रेस के लिए बेहतरीन जॉकी साबित होते हैं। अमीरात में यूँ तो सोलह बरस से कम उम्र के बच्चों के लिए ऊँटों की दौड़ में जॉकी बनने की मनाही है, लेकिन वे असरदार शेख़, जिनके ऊँट इन रेसों में दौड़ते हैं, उन्हें क़ानून ख़रीदने के तरीक़े आते हैं। इस तरह सिर्फ़ पाकिस्तान ही नहीं, हिंदुस्तान और बंगलादेशी नर्म-ओ-नाजुक बच्चे अपने-अपने मुल्कों से तस्करी के ज़रिए यूएई पहुँचा दिए जाते हैं। यहाँ पहले उन्हें सख़्त ट्रेनिंग दी जाती है और फिर रेस के दिन ऊँट की पीठ से बाँधकर दौड़ाया जाता है। ऊँट की रफ़्तार और उनके बिलबिलाने की ख़ौफनाक़ आवाज़ों से डरे-सहमे बच्चे रोते और चीख़ते रहते हैं, लेकिन उनकी सुनता कौन है? अपने-अपने मुल्कों में इन बच्चों के बाप इंसानी तस्करों से मिलने वाली रक़म से कभी नया ब्याह रचाते हैं और कभी टेलीविज़न या ऐसी ही दूसरी महँगी चीज़ें ख़रीदते हैं। अभी चंद दिनों पहले ही लाहौर एयरपोर्ट पर ऐसे 64 बच्चों की एक खेप उतरी है, जिन्हें यूएई हुकूमत ने पाकिस्तान सरकार के हवाले किया है। यह उन दो सौ बच्चों में से हैं, जिन्हें कुछ दिनों पहले यूएई की हुकूमत ने गिरफ़्तार किया था और अब उन बच्चों के मुख़्तलिफ़ ग्रुप पाकिस्तान लाए जा रहे हैं।

हमारे मुल्कों में मासूम बच्चों के इस ज़ालिमाना इस्तेमाल की ज़िम्मेदारी जहाँ इंसानी तस्करों की है, वहीं इन बच्चों के ख़ुदग़र्ज़ और लालची माँ-बाप, एयरपोर्ट पर इमिग्रेशन के अफ़सरान और दूसरे सरकारी कारिंदे भी इस गंदे कारोबार के ज़िम्मेदार हैं। अख़बार और बच्चों के हुक़ूक़ के लिए काम करने वाली एनजीओज, सरकार से मुतालिबा कर रहे हैं कि सिर्फ़ इन बच्चों के तस्करों को सज़ा देने से कुछ नहीं होगा। इमिग्रेशन ऑफिसर और उन बच्चों को तस्करों के हाथों फ़रोख़्त करने वाले माँ-बाप, चचा या मामूं को भी सज़ा मिलनी चाहिए, जिनके बग़ैर इन बच्चों को मुल्क से बाहर भेजना मुमकिन ही नहीं।

सज़ा का मुतालिबा तो उन लोगों के लिए भी होता रहा है, जो पाकिस्तान के देही इलाक़ों में 'वनी' की रस्म जारी रखे हुए हैं। इस रस्म के मुताबिक़, अगर किसी क़बीले का आदमी, दूसरे क़बीले

वाले को क़त्ल कर दे, तो अदालत से बाहर गाँव का जर्गा या पंचायत समझौता करा देती है। इस समझौते के तहत मक़तूल (मृतक) के क़बीले को ख़ासी रक़म अदा की जाती है, इसके अलावा क़ातिल क़बीले की चंद लड़कियाँ मक़तूल के क़बीले वालों को दे दी जाती हैं। इन दिनों पंजाब के शहर मियाँवाली के क़रीब की बस्ती मूसा ख़ील में होने वाली 'वनी' के एक वाक़ये की बहुत चर्चा है। हुआ कुछ यूँ था कि 1988 में एक शख़्स को बकरियाँ चुराने के इलज़ाम में क़त्ल कर दिया गया। पुलिस ने पाँच मुलज़िमों को गिरफ़्तार कर लिया। दो बरस तक मुक़दमा चलता रहा और फिर अदालत के बाहर दोनों पार्टियों में समझौता हो गया। समझौते के मुताबिक, मक़तूल के क़बीले को एक लाख सत्तर हज़ार रुपये नक़द दिए गए और कथित क़ातिलों के घराने की पाँच लड़कियों से मक़तूल के घर वालों का निकाह हो गया। दो लड़कियाँ तो निकाह के फ़ौरन बाद ससुराल चली गईं, तीन बच्चियाँ दूध पीती थीं, उनकी रुख़सती नहीं हुई। अब जबकि वह बड़ी हो गई हैं। उनके शौहरों का कहना है कि उनकी बीवियाँ उनके हवाले की जाएँ। यानी क़बाइली रस्मो-रिवाज के मुताबिक़ उन्हें रुख़सत कर दिया जाए। तीनों लड़कियाँ अपने दुश्मन क़बीले के घरों में बीवी बनकर उम्र-भर के लिए क़ैद काटने को तैयार नहीं। मामला अख़बारों और टेलीविज़न चैनलों तक जा पहुँचा, तो पुलिस को भी कुछ कारगुज़ारी दिखानी पड़ी। उसने 'दूल्हों' और 'दुलहनों' के बुजुर्गों को थाने में बुलाकर बिठा लिया। उनके बयान रिकॉर्ड हुए जिसके बाद पुलिस ने यह कह दिया कि दोनों तरफ़ के लोगों को इस 'रुख़सती' पर कोई एतराज़ नहीं। मज़े की बात यह है कि पुलिस ने उन तीनों दुलहनों का बयान रिकॉर्ड नहीं किया जिन्हें अपनी रुख़सती पर एतराज़ है और जिनका निकाह उस वक़्त पढ़ा दिया गया था, जब वह दूध पीती बच्चियाँ थीं। इस बारे में इलेक्ट्रॉनिक मीडिया और अख़बारों के अलावा ह्यूमन राइट्स कमीशन और कारवाँ कम्युनिटी डेवलपमेंट ऑर्गनाइज़ेशन के लोग बहुत सरगर्म हैं। देखना यह है कि ऊँट किस करवट बैठता है, इसलिए कि क़बाइली रस्सो-रिवाज के मुताबिक़ 'वनी' की रिवायत (परंपरा)

तोड़ने वाले की सज़ा मौत से कम नहीं होती। इन दो उदास करने वाली ख़बरों के बाद एक अच्छी ख़बर यह है कि नादिरा बब्बर और जूही बब्बर लाहौर पहुँच गई हैं जहाँ होने वाले ड्रामा फेस्टिवल में वह दो ड्रामे पेश करेंगी। लाहौर में उन दोनों का शानदार इस्तक़बाल हुआ और यही उम्मीद की जा रही है कि यह दोनों माँ-बेटियाँ लाहौर का मेला लूटकर घर जाएँगी।

4 दिसंबर, 2005

ख़्वाब था जो कुछ कि देखा

गुज़रे हुए दस दिन दिल्ली, इलाहाबाद और लखनऊ में गुज़ारे। कैसी अजब सैर थी, यूँ महसूस होता है जैसे–*ख़्वाब था, जो कुछ कि देखा, जो सुना अफ़साना था*। इलाहाबाद में प्रोग्रेसिव राइटर्स एसोसिएशन के बानी (संस्थापक) सैयद सज्जाद ज़हीर की शताब्दी मनाई जा रही थी और इसमें शिरकत के लिए मैं कराची से इलाहाबाद पहुँची थी। इस सेमिनार के हवाले से बहुत सारी बातें हैं, जो आप से की जा सकती हैं। जवाहरलाल नेहरू यूनिवर्सिटी के प्रोफ़ेसर एजाज़ अहमद, हिंदी के मशहूर अदीब अमरकांत, भोपाल से आए हुए कमला प्रसाद जी, हिंदी के मशहूर दानिशवर (बुद्धिजीवी) और नक़्क़ाद (आलोचक) डॉ. नामवर सिंह, डॉ. अक़ील रिज़वी, इन लोगों के अलावा और भी बहुत-से हैं जिनकी बातें दिल से निकलीं और दिल में उतरीं। मैं इन तीन दिनों के दौरान प्रेसिडियम में शामिल रही और 'सज्जाद ज़हीर की विरासत और आज के चैलेंज' पर अपना पर्चा भी पढ़ा। इस सेशन की सदारत अमरकांत जी और प्रोफ़ेसर शम्सुर्रहमान फ़ारुक़ी कर रहे थे। यह सब कुछ लिखने बैठूँ, तो 'रसरंग' का पूरा सफ़्हा भर जाए, लेकिन आज मैं कुछ बातें 'दैनिक भास्कर' और 'पाकिस्तान डायरी' के हवाले से करना चाहूँगी।

दिल्ली में राज्यसभा की मेंबर दीदी निर्मला देशपांडे मुझे बताती हैं कि उन्होंने 'भास्कर' के मेरे कॉलम किसी दूसरी मैगज़ीन में छपवाए हैं। मैं इलाहाबाद के नॉर्थ सेंट्रल जोन कल्चरल सेंटर में खड़ी हुई चंद दोस्तों से बात कर रही हूँ, जब एक नौजवान ने मुझसे पूछा

'आप ज़ाहिदा हिना हैं?' मेरा जवाब 'हाँ' में सुनकर उस नौजवान का चेहरा दमक उठा। उसने फ़ौरन झुक कर मेरे पैर छू लिए। यह जयपुर के प्रेमचंद गाँधी थे। पीडब्लयूए से जुड़े हुए। उन्होंने मुझे उस तस्वीर से पहचाना था, जो 'भास्कर' में छपती है। फिर वह एक-एक कॉलम का जिक्र करते रहे और मैं कुछ खुशी, कुछ हैरत से उन्हें देखती रही। प्रेमचंद गाँधी का कहना था कि वह और उनके दोस्त पाबंदी से मेरी लिखी डायरी पढ़ते हैं। उन्होंने तुरंत मुझे जयपुर आने की दावत दी। मैंने उन्हें बताया कि मैं जयपुर आ चुकी हूँ। और इसके साथ ही मुझे 13 दिसंबर, 2001 का वह दिन याद आ गया, जब ख़ुशी और ग़म की धाराएँ मेरे लिए साथ-साथ बह रही थीं। हिंदुस्तान के उस वक्त के राष्ट्रपति के.आर. नारायण जिस समय मुझे 2001 का सार्क लिटरेरी अवार्ड दे रहे थे, उसी लम्हे ख़बर आई थी कि हिंदुस्तानी पार्लियामेंट पर आतंकवादियों ने हमला किया है और कई लोग मारे गए हैं। महाश्वेता देवी, भीष्म साहनी, खुशवंत सिंह, अजीत कौर, इंद्र कुमार गुजराल और दूसरे हिंदुस्तानी-पाकिस्तानी अदीब और शायर कलेजा थामकर रह गए थे। हम दिल्ली में अमन, शांति और दोस्ती की बातें करने के लिए इक्ट्ठा हुए थे और वहाँ खून की होली खेली जा रही थी। सबके दिल बुझ गए और दूसरे दिन से ही दोनों मुल्कों की फ़ौजें सरहदों पर एक-दूसरे की आँखों में आँखें डाले खड़ी हो गई थीं। सारी दुनिया दहशतज़दा (आतंकित) थी, दोनों मुल्कों के पास एटमी हथियार थे और किसी वक़्त भी हमारा बर्रेसग़ीर (उप-महाद्वीप) दीवानगी की आग में भस्स हो सकता था। पाकिस्तान और हिंदुस्तान में अमन, जम्हूरियत और इंसानी हुक़ूक़ (मानवाधिकार) के लिए काम करने वाले छटपटा रहे थे। ऐसे वक़्त में पहल दीदी निर्मला देशपांडे, डॉ. मोहिनी गिरि, मीरा खन्ना और सैयदा सैयदेन ने की। यह सब एक 'पीस डेलीगेशन' लेकर लाहौर और इस्लामाबाद पहुँचीं। इसके फ़ौरन बाद पाकिस्तान से पचास औरतों का 'अमन कारवाँ' लेकर अस्मा जहाँगीर, हिना जीलानी और मैं बज़रिए बस दिल्ली पहुँचे। वहाँ से हम आगरा, फ़तहपुर सीकरी, अजमेर और जयपुर गए।

इलाहाबाद से मुझे लखनऊ जाना था, जहाँ इप्टा के बारहवें नेशनल कान्फ्रेंस और फेस्टिवल में शिरकत करना थी। हम रात में लखनऊ मेल से रवाना हुए, तो मेरी सीट एसी डब्बे में थी। रेल चली, तो घबराहट होने लगी कि एक तो रात, उस पर से खिड़की का सियाह शीशा। दरिया, जंगल, शहर कुछ भी तो नहीं दिखाई दे रहा था। मैंने उठकर टीटी से बात की कि मुझे बराबर के डब्बे में बैठने की इजाज़त दे दें। मैं जब उस डब्बे में पहुँची, तो अचानक वहाँ बैठे हुए लोगों में से एक लड़के ने मेरी आँखों के सामने 'भास्कर' का सफ़्हा लहराया। 'अमृता और ज़रीना' वाली डायरी और मेरी तस्वीर। यह एक अजीब लम्हा था, खुशी का। दूरदराज़ के लोगों से जुड़े होने का अहसास। ये सब लड़के छत्तीसगढ़ की 'इप्टा' के थे और फेस्टिवल में शरीक होने लखनऊ जा रहे थे। टोनी चावला, दुष्यंत सिंह राठौर, लीलाधर, केएल चंद्रा, रविप्रकाश प्रधान, डॉ. अशोक, अपर्णा श्रीवास्तव, विनोद कुमार।

दुष्यंत ने बताया कि उनके बीस साथी दूसरे डब्बे में सफ़र कर रहे हैं। वे लोग 'भास्कर' में छपने वाली 'पाकिस्तान डायरी' का ज़िक्र कर रहे थे और मुझे बता रहे थे कि मैंने कब, क्या लिखा। फिर उन्होंने मेरी ख़ातिर शुरू कर दी। यह 'चावल मेरी अम्माँ ने भूने हैं।' 'यह खाना मेरी बहन ने साथ किया था।' मैं उन सबकी मुहब्बत से सरशार होती रही, फिर उन्होंने मुझे क्या-क्या गीत नहीं सुनाए। कुछ छत्तीसगढ़ी और कुछ देशभक्ति गीत–

सुनो बसंत सुनाए वह दास्ताँ
अमृत जिन्होंने बाँटा खुद ज़हर पी लिया।

और फिर मख़दूम के और साहिर के गीत। सुभद्रा कुमारी चौहान का 'खूब लड़ी मर्दानी वह तो झाँसी वाली रानी थी' मैंने फ़रमाइश करके सुना और उसके बाद 'जिस देश में गंगा बहती है।' चाँद खिड़की से झाँक कर हमें देखता रहा, कुछ हैरान, कुछ खुश होता रहा। यही चाँद तो कराची के आसमान पर भी चमकता है। रायबरेली स्टेशन आया, तो हम सब प्लेटफॉर्म पर उतर गए कि उस डब्बे में चल

कर बैठें, जहाँ ग्रुप के दूसरे लोग मौजूद थे। लेकिन इससे पहले कि मैं वहाँ तक पहुँचती, रेल चल पड़ी। मैं और मेरे तीन साथी सामने आए तीसरे दर्जे के डब्बे में चढ़ गए और लखनऊ तक बातें करते गए।

इलाहाबाद से लखनऊ और फिर कराची तक लोगों की इस मुहब्बत से मेरी आँखें नम रहती हैं।

27 नवंबर, 2005

इधर ख़िदमत उधर दरिंदगी

ईद आई और ख़ामोशी से गुजर गई, लाखों लोग खुले आसमान के नीचे बैठे हैं। उनके प्यारे रिश्ते सैकड़ों मन मलबे की चादर ओढ़ चुके हैं। बेशुमार ऐसे भी हैं, जिन्हें अभी तक यह नहीं मालूम कि उनके माँ-बाप और रिश्तेदार किस देश गए। बेशुमार बच्चे ऐसे हैं, जिन्हें अपने घर वालों के नाम तो दूर की बात है, अपना नाम भी मालूम नहीं। कितने ही बच्चे ऐसे देखे, जिनकी पेशानियों पर टेप से उन इलाक़ों का नाम लिखा हुआ है, जहाँ के मलबे से वे मिले। आफ़त ने इन लोगों को ताक लिया है। पहले ज़लज़ला और अब ओले, बारिश, ठंड। हुकूमत की ना-अहली (निकम्मापन) जो बरवक़्त उनकी मदद को नहीं पहुँच सकी। लोगों की सफ़्फ़ाकी (निष्ठुरता) जो इस क़यामत की घड़ी में भी लूटमार, बच्चों और लड़कियों के अग़वा में मसरूफ़ हैं। कुछ अख़बारों में ये खबरें भी छपीं कि कुछ औरतें ख़ूबसूरत लड़कियों की ख़रीदारी कर रही हैं और कहती हैं कि नाच-गाने तक ताक़ (पारंगत) करके हम इन्हें महँगे दामों पर बेचेंगे। अगर में तरफ़ बेग़रज़ लोगों की ख़िदमत की कहानियाँ हैं, तो दूसरी तरफ़ इंसान की कमीनगी की भी इंतिहाएँ हैं।

इंतिहा तो यह हुई कि एक ऐसे मुल्क में, जो बाहर से आने वालों को बहुत अमीर दिखाई देता है, जिसके बाजारों में खवे (कंधे) से खवा छिलता है और जिसकी सड़कों पर नयी गाड़ियों की रेलपेल है, वहीं ग़रीबी और बेबसी, माँ-बाप से अपने बच्चे क़त्ल करा देती

है। ऐसा ही एक वाक़या वज़ीराबाद की क़रीबी बस्ती क़ुदरताबाद में हुआ, जहाँ एक शख़्स की बेरोज़गारी और भुखमरी इस इंतिहा को पहुँची कि उसने दुनिया से गुज़र जाने का ही फ़ैसला कर लिया। उमूमन लोग ये फ़ैसला तन्हा ही करते हैं, लेकिन उससे अपने बच्चों की भूख और उनकी आँखों में ख़्वाहिशों की मौत देखी नहीं जाती थी। आसपास के घरों से इफ़्तारी पकने की और पकोड़े तलने की खुशबुएँ आती थीं, लेकिन उसकी गिरह में फूटी कौड़ी भी न थी कि बच्चों के लिए पाँच रुपए के पकोड़े ही ख़रीद कर ला सके। उसके घर में तो किसी फल का पेड़ भी न था, जिसके फल तोड़ कर बच्चों की भूख मिटा दे। बहुत सोच-विचार के बाद ईद से एक रोज़ पहले वह जाने कहाँ से बेहोशी की दवा ले आया।

बीवी और बच्चों को चाय में मिलाकर दवा पिलाई। जब वह गहरी बेहोशी में चले गए, तो उसने अपने तीन बच्चों और बीवी को गला घोंटकर मार दिया और फिर ख़ुद भी फंदा लगाकर ख़त्म हो गया। ईद की नमाज़ के वक़्त उसकी लाश फंदे से उतारी गई। वे लोग, जो सुबह से शाम तक ख़ुदा के ख़ौफ़ का ज़िक्र करते थे और जो लोगों के रोज़ों और नमाज़ों का हिसाब रखते थे, उन्हीं ने तीन बच्चों, एक औरत और एक मर्द का जनाज़ा उठाया। ये वे लोग थे, जिनके तन पर नये कपड़े थे, जिनके पेट मीठे और नमकीन पकवानों से भरे हुए थे, लेकिन जिन्हें यह ख़बर न थी कि उनके इर्द-गिर्द क्या हो रहा है और किसके घर में भूख नाच रही है।

'बेपसी सिधवा' पाकिस्तान के मुट्ठी-भर पारसियों में से एक हैं। पाकिस्तानी उनकी शोहरत पर नाज़ करते हैं और वह जब भी अमेरिका से आती हैं, उन्हें सिर-आँखों पर बिठाते हैं। अभी वह अमेरिका से अपने आबाई (पैतृक) शहर लाहौर पहुँची हैं। यह वही लाहौर है, जिसको उन्होंने 1947 में जलते और लुटते देखा था। इसकी झलकियाँ उनके नॉवलों में नज़र आती हैं। वह लाहौर से जिस तौर मुहब्बत करती हैं, उसका अंदाज़ा पढ़ने वालों को उनकी तहरीरों से होता है।

मैंने लगभग साल भर पहले उनको वाणी प्रकाशन के अरुण

माहेश्वरी की एक दावत में बोलते सुना था। अपनी जन्मभूमि के ज़िक्र पर उनके मुँह से फूल झड़ते हैं। उन्होंने लाहौर पर एक किताब तैयार की है, जिसका नाम 'बिलव्ड सिटी : राइटिंग्स ऑन लाहौर' है। कराची में उसकी तक़रीबे-रू-नुमाई (विमोचन समारोह) हुई। इसके बाद वह लाहौर वापस जाएँगी और वहाँ भी इस किताब का इफ़्तिताह (लोकार्पण) बहुत धूमधाम से होगा। वह लाहौर आती हैं, तो दिल्ली ज़रूर जाती हैं। हो सकता है, उनसे मुलाक़ात दिल्ली में हो, इसलिए कि मैं थोड़ी देर बाद दिल्ली के लिए रवाना हो रही हूँ और वहाँ से इलाहाबाद का सफ़र होगा, जहाँ प्रोग्रेसिव राइटर्स एसोसिएशन (पीडब्ल्यूए), सज्जाद ज़हीर पर तीन दिन का सेमिनार करा रही है। गंगा-जमुना के संगम इलाहाबाद को अपनी आँखों से देखने, दो दरियाओं की खुशबू महसूस करने के लिए दिल बेताब है। और फिर वहाँ से लखनऊ का सफ़र, जहाँ इप्टा के जश्न में शिरकत करनी है। वापसी में दिल्ली रुकूँगी। हो सकता है, उस वक़्त तक बेपसी सिधवा भी वहाँ पहुँच जाएँ और उनसे मुलाक़ात हो। इस मर्तबा बातें कम सही, अगला कॉलम पाकिस्तान से लिखा जाएगा, लेकिन हिंदुस्तान के बारे में।

20 नवंबर, 2005

गूँजती रहेंगी अमृता-ज़रीना की सदाएँ

चंद दिनों पहले पंजाब और सिंध की दो औरतें इस दुनिया से रुख़्सत हुईं और अपने लाखों चाहने वालों को शोक के सियाह रंग में डुबो गईं। दोनों का मातम सरहद के दोनों तरफ़ हुआ। इनमें से एक लफ़्ज़ लिखती थी, चाँदी की किरणों जैसे शीतल और आग के शोलों जैसे जलते हुए बोल। इन दो एकदम अलग हालातों को इकट्ठा करने का हुनर अमृता प्रीतम से आता था। दूसरी सिंधी सुरों की शहज़ादी ज़रीना बिल्लौच थी।

अमृता उस बरस पैदा हुईं जब हमने जलियाँवाला बाग़ का घाव सहा था। उनके अंदर वही बाग़ी रूह थी, जिससे उस वक़्त का हिंदुस्तान मस्त था। गुजराँवाला में पैदा होने और दिल्ली में अपनी जान से गुज़रने वाली अमृता प्रीतम की मौत ने पाकिस्तानी पंजाब में सफ़े मातम बिछा दी है। उर्दू वाले अलग उदास हैं कि उन्होंने हमेशा उनको उर्दू वाला ही समझा। इन दिनों कोई उनकी आत्मकथा 'रसीदी टिकट' ढूँढ़ रहा है, तो किसी को 'पिंजर' या 'मेरा कमरा' की तलाश है। उनके नॉवेल 'पिंजर' पर बनने वाली फिल्म यहाँ बड़े शौक़ से देखी जा रही है। अख़बारों में उनकी मौत की ख़बरें, तस्वीरें और ज़िंदगी की झलकियाँ पहले सफ़्हे (पृष्ठ) पर छपीं। कई अख़बारों ने इदारिए (संपादकीय) लिखे। अख़्तर हमीद ख़ान ने 'अमृता प्रीतम की याद में' और मैंने 'इक रूई सी धी पंजाब दी' के नाम से कॉलम लिखा। अंग्रेज़ी के अख़बारों में अमृता जी पर एडीटोरियल नोट शाए

हुए। सुना है कि लाहौर में एक बड़े ताज़ियती जलसे (शोक सभा) की तैयारियाँ हैं। एक अंग्रेज़ी अख़बार ने अपने एडीटोरियल नोट में यह भी लिखा कि 'अदब में अमृता प्रीतम का क़द इस बात का तक़ाज़ा करता है कि स्वीडन की नोबल इनाम कमेटी उसकी तरफ़ तवज्जो करे।' पाकिस्तान के पंजाबी अदीब अमृता जी के अदबी पर्चे 'नागमणि' में छपने को अपना एज़ाज़ (सम्मान) समझते थे। यह इज़्ज़त मेरे हिस्से में भी आई। जनरल ज़ियाउलहक़ के दौर में लिखी जाने वाली मेरी कहानी 'रंग तमाम खूं शुदा' अमृता जी को इतनी अच्छी लगी कि उन्होंने अहमद सलीम से इसका गुरमुखी में तर्जुमा कराया और वह 'नागमणि' में शाए किया।

बँटवारे के वक़्त उन्होंने लाशें देखी थीं और लाशों जैसे लोग देखे थे। वह आग और ख़ून के दरिया से गुज़र कर दिल्ली पहुँची थीं, उनकी मशहूरे ज़माना नज़्म *अज आखाँ वारिस शाह नूँ/कित्तों क़ब्राँ विच्चो बोल/ अज किताबे इश्क़ दा/कोई अगला वरक़ा फोल।* उसी दौर के दर्द में डूबी हुई है। पाकिस्तान में बँटवारे पर फिल्म 'करतार सिंह' बनी, तो उसमें भी अमृता की यह नज़्म शामिल थी।

अमृता के सौग में शामिल ज़रीना बिल्लौच का सौग भी है। ज़रीना जिसे उसके चाहने वाले 'जीजी' के नाम से याद करते थे, ख़ामोश हो गई है लेकिन उसके गीत ज़िंदा हैं। वह महज़ गीत गाने वाली एक फ़नकारा नहीं थी, उसके सीने में बग़ावत की आग भड़कती थी। जनरल ज़ियाउलहक़ के ज़माने में उसने अपनी दर्द भरी आवाज़ को तानाशाही के ख़िलाफ़ एक हथियार बना लिया था। ऐसा हथियार जो दिलों में आग लगा देता था, नौजवानों को बग़ावत पर उकसाता था।

ज़रीना 1937 में सिंध के शहर हैदराबाद के देहात में पैदा हुई। सातवीं जमाअत तक तालीम हासिल की। 1960 में वह रेडियो पाकिस्तान हैदराबाद से जुड़ गई और उसका नाम शोहरत पाने लगा। पाकिस्तान में यह दिन तानाशाही के ख़िलाफ़ सियासी जद्दोजहद के दिन थे। ज़रीना जिसको कहानियाँ लिखने का हुनर भी आता था, वह जल्द ही सिंध की सियासी तेहरीक (आंदोलन) का एक अहम

किरदार बन गई। शेख़ अयाज़ का बाग़ियाना कलाम और ज़रीना बिल्लौच की उड़ान भरती हुई आवाज़ ने उसे सियासी जलसों के स्टेज पर नुमायाँ कर दिया। धरना, भूख हड़ताल, जलसे, जुलूस हर जगह ज़रीना की आवाज़ आग लगाती। इसी के चलते उसने ठट्ठा शहर में पुलिस की लाठियाँ खाईं और कराची सक्खर व हैदराबाद की जेलों में दो बरस की क़ैद काटी। गीत गाने वालियाँ भी कहीं, लाठियाँ खाती और क़ैद होती हैं? लेकिन 'जीजी' ऐसी ही थी। बेधड़क, बेबाक और सियासी समझ से छलकता हुआ उसका वजूद उसे निचला नहीं बैठने देता था।

ज़रीना ने अपना सफ़र लोकगीतों से शुरू किया और जब उसने मशहूर कम्युनिस्ट लीडर कामरेड हैदर बख़्श जतोई का गीत 'जिए सिंध, आईन जिए सिंध-जामे मुहब्बत पिए सिंध' गाया तो वह तरक़्क़ी पसंद और जम्हूरी जद्दोजहद के जलसों का तराना बन गया।

जदीद सिंधी अदब की सबसे बड़ी शख़्सियत शेख़ अयाज़ से उसकी दोस्ती थी। शेख़ अयाज़ का कहना है कि ज़रीना जिस तरह मेरी शायरी को संगीत के रूप में ढालती है, कोई दूसरा ऐसा नहीं कर सकता। जनरल ज़िया के दौर में जब शेख़ अयाज़ की शायरी पर पाबंदी लगी तो यह बहादुर और बेबाक ज़रीना थी जिसने इस प्रतिबंधित शायरी को बड़े जलसों में गाया और लोगों को अपनी आवाज़ और अपनी बाग़ी रूह का दीवाना बना लिया।

उसने हैदराबाद के दयालदास क्लब में फ़िलस्तीन के इंक़लाबी शायर महमूद दरवेश की नज़्में गाईं, तो बहुत-से फ़िलस्तीनी नौजवान उसे सुनने के लिए कराची से हैदराबाद गए, जहाँ उन्होंने ज़रीना की आवाज़ पर झूम-झूम कर रक़्स किया। फ़िलस्तीनी अथार्टी ने उसे अवार्ड दिया जिस पर उसे हमेशा नाज़ रहा। वह सरहद के दोनों तरफ़ आबाद सिंधियों के दिल की धड़कन थी। उसने हिंदुस्तान का सफ़र किया और उसे दादाराम पंजवानी अवार्ड से नवाज़ा गया। पाकिस्तान में उसे शाह लतीफ़ और सचल अवार्ड के अलावा 'प्राइड ऑफ़ परफ़ॉर्मेंस' अवार्ड दिया गया।

अमृता की तरह ज़रीना भी कुछ बरसों से बीमार थी। गाना

भी कम हो गया था, लेकिन वह लोग जो मौत के वक़्त उसके क़रीब थे, उनका कहना है कि आख़िरी साँस लेने से पहले वह डूबती और टूटती हुई आवाज़ में गा रही थी : *आज की रात तुम अगर मुझसे मिलने आ जाओ तो यह रात अमर हो जाए।*

वह रात अमर हुई या नहीं, कौन जाने लेकिन यह तो सब जानते हैं कि सिंधी संगीत में ज़रीना और पंजाबी अदब में अमृता का नाम अमर हो गया है।

13 नवंबर, 2005

अमन की राह के शहीद

पीआईए का बोइंग 777 लाहौर एयरपोर्ट पर उतरने के लिए 40 हज़ार फीट की बुलंदी से नीचे आ रहा था, जब मैंने दिल्ली, मुंबई, कोलाकाता, इलाहाबाद, अहमदाबाद, लखनऊ और पटना के दोस्तों के नाम और उनके ई-मेल पतों की फेहरिस्त मुकम्मिल की। इन सबको दीवाली की मुबारकबाद भेजनी थी। लेकिन कहाँ की दीवाली और कैसी मुबारकबाद। लाहौर एयरपोर्ट पर उतरते ही ख़बर मिल गई कि दिल्ली की सड़कें दीवाली मनाने की ख़्वाहिश रखने वालों के ख़ून से सुर्ख हो गई हैं। पहला ख़्याल यही आया कि पाकिस्तान और हिंदुस्तान में लाइन ऑफ़ कंट्रोल के हवाले से जो बातचीत होने वाली है, बँटे हुए कश्मीरी ख़ानदानों को जो राहत मिलने की उम्मीद है, वह इंतिहा-पसंदों (उग्रवादियों) को नागवार गुज़री और उन्होंने इस बातचीत की राह में रोड़ा अटकाने की पूरी कोशिश की है।

नेशनल कॉलेज ऑफ़ आर्ट्स की दावत पर मैं लाहौर गई थी और वहाँ मुझे नौजवान मुसव्विरों (चित्रकारों) को यह बताना था कि वह जो पेंट और ब्रश से कैनवस पर अपने ख़यालों की तस्वीर उतारते हैं, तो हम लिखने वाले कागज़ और क़लम से किस तरह हाल (वर्तमान), माजी (अतीत) और मुस्तक़बिल (भविष्य) के ज़मानों में मुख़्तलिफ़ किरदारों और मुख़्तलिफ़ इलाक़ों की कहानियाँ लिखते हैं और इसके लिए हमारी क्या तैयारियाँ होती हैं। अपने लेक्चर के ख़ात्मे पर जब मैंने स्टूडेंट्स और फाइन आर्ट्स के टीचर्स से दिल्ली

के बम धमाकों पर बातचीत की, तो सबका यही कहना था कि पहाड़गंज और सरोजिनी नगर में जो बेगुनाह मारे गए हैं, वे दरअसल अमन-कोशिशों की राह के शहीद हैं।

लाहौर में उर्दू के मशहूर अदीब अहमद नदीम क़ासमी रहते हैं, जिनकी उम्र लगभग 90 बरस हो चुकी है। मैं जब उनकी ज़ियारत (दर्शन) के लिए उनके दफ़्तर पहुँची, तो वह अपने अदबी रिसाले 'फुनून' के प्रूफ पढ़ रहे थे। ऐसे काम करने वालों को देखकर आँखें रोशन होती हैं। अब वह हमारे यहाँ उर्दू के सबसे बुजुर्ग अदीब हैं। वह 1936 की तरक़्क़ी पसंद तहरीक (प्रगतिशील आंदोलन) से जुड़े रहे। कृश्न चंदर, मंटो, इस्मत चुग़ताई, राजिंदर सिंह बेदी, सज्जाद ज़हीर के अलावा उर्दू और हिंदी के बहुत-से अदीबों से उनका ज़ाती (निजी) ताल्लुक रहा। अब भी हिंदी के मशहूर शायर और मुंबई फिल्म नगरी के जाने-पहचाने नाम गुलज़ार से उनका दिल का रिश्ता है। अहमद नदीम क़ासमी की मुँहबोली बेटी मंसूरा भी वहाँ मौजूद थीं। हम सब ही ज़लज़ले में मरने वाले और दिल्ली में होने वाले क़त्लेआम की बातें करते रहे। सब ही दुखी थे। बात दरअसल यह है कि जनता पाकिस्तान की हो या हिंदुस्तान की, इस इंतिहा-पसंदी और ख़ूंरेजी से थक चुकी है। यह इंतिहा-पसंदी उसकी आँखों के सारे ख़्वाब और उसकी नस्लों का मुस्तक़बिल (भविष्य) चुरा ले गई है। वह अरबों-खरबों रुपये जो सवा अरब इंसानों की तालीम, सेहत और समाजी तरक़्क़ी पर ख़र्च होने थे, अवाम की वह अमानत दोनों मुल्कों के हुक्मरानों ने लाहासिल (निरर्थक) जंगों, हथियारों की ख़रीदारी और एटम बम की तैयारी पर ख़र्च कर दिए। कुछ लोगों और इदारों के लिए यह जंग और इंतिहा-पसंदी एक कारोबार बन गई है। अब जबकि कुछ लोगों को यह महसूस होता है, जैसे इंतिहा-पसंदी की दुकान बढ़ाई जाने वाली है, तो उन्हें ग़ुस्सा आ जाता है और वह अमन के रास्ते में बेगुनाह लोगों की लाशों के ढेर लगा देते हैं। यह अच्छी बात है कि पाकिस्तान और हिंदुस्तान ने समझदारी से काम लिया और अमन की बातचीत में रुकावट नहीं पैदा होने दी और लाइन ऑफ़ कंट्रोल को पाँच जगह से पार करने का समझौता

हो गया है। इस समझौते पर अमल और इसका अहतराम (सम्मान) दोनों मुल्कों की हुकूमतों पर लाज़िम (अनिवार्य) है।

अहतराम 73 साला बस्तीराम टंडन की लाश का भी किया गया जो ज़लज़ले के पंद्रह दिन बाद मलबे से निकाली जा सकी। बस्तीराम की कहानी यहाँ से शुरू होती है कि वह उसका 75 साला भाई जगदीशलाल टंडन और 47 साल का भतीजा सुभाष टंडन बरसों से अपनी जन्मभूमि देखने और अपने मुसलमान रिश्तेदारों से मिलने के लिए तड़प रहे थे। छह अक्टूबर को ये तीनों श्रीनगर-मुज़फ़्फ़राबाद बस सर्विस से मुज़फ़्फ़राबाद पहुँचे और फिर वहाँ से 25 मील दूर अपनी पुश्तैनी बस्ती हटियाँ दुपट्टा चले गए। दो दिन बाद ज़लज़ले ने जहाँ बहुत-सी बस्तियों को मटियामेट किया, वहीं हटियाँ दुपट्टा भी तबाह हुआ।

जगदीशलाल और उसका बेटा सुभाष मलबे से ज़िंदा निकाल लिए गए, लेकिन बस्तीराम का अता-पता नहीं मिला। दोनों बाप-बेटे हेलीकॉप्टर से इस्लामाबाद पहुँचाए गए, जहाँ उनका इलाज हुआ और फिर 21 अक्टूबर को वाघा से हिंदुस्तान वापस भेज दिए गए। उनके जाने के दो दिन बाद बस्तीराम की लाश मलबे से बरामद हो गई। बस्तीराम के बेटे का साउथ एशिया फ्री मीडिया एसोसिएशन (एसएएफएमए) से मुसलसल राब्ता (संपर्क) था।

बस्तीराम की लाश मिलने की इत्तिला के साथ ही बेटे से कहा गया कि मैयत जम्मू भेजी जा सकती है और क्रियाकर्म मुज़फ़्फ़राबाद में भी हो सकता है। मैयत इस क़ाबिल नहीं थी कि उसे जम्मू भेजा जा सके, सो बेटे ने कहा कि पिताजी का क्रियाकर्म उनके पाकिस्तानी रिश्तेदार करें। चुनाँचे बस्तीराम की मैयत सफेद कफ़न में लपेट कर तमाम हिंदू रस्मों के बाद सुर्ख आग के सुपुर्द कर दी गई। इस आख़िरी सफ़र पर बस्तीराम के पाकिस्तानी और मुसलमान रिश्तेदार उसे रुख़सत करने आए। रिश्तेदारों के अलावा भी दूसरे पाकिस्तानी बस्तीराम की चिता को आग देते वक़्त मौजूद थे।

जन्मभूमि से ऐसी मुहब्बत कम लोगों को होती है कि दीन-धरम के तमाम रिश्ते-नातों को एक तरफ रखते हुए ये तीनों अपने गाँव

आए। अपनी जन्मभूमि की ख़ाक सिर में डाली। अपने मुसलमान रिश्तेदारों से मिले, दिल के दाग़ एक-दूसरे को दिखाए, गिले-शिकवे भी किए और फिर उस ज़लज़ले का निशाना बने, जो सरहदों या लाइन ऑफ़ कंट्रोल को नहीं मानता।

इस घर के दो आदमी ज़िंदा-सलामत जम्मू गए, लेकिन बस्तीराम को अपनी बस्ती से कुछ ज्यादा ही इश्क़ था। उसने वहीं आकर जान दी, जहाँ पैदा हुआ था और फिर उसी धरती पर उसकी चिता जली, जिस पर उसने घुटनों चलना सीखा था, जहाँ उसने बोलना, हँसना और रोना सीखा था। शायद ऐसे ही मौक़ों के लिए उर्दू का यह मिसरा (पंक्ति) दोहराया जाता है–

पहुँची वहीं पे ख़ाक जहाँ का ख़मीर था

हुक्मरानों, सियासतदानों और इंतिहा-पसंदों की समझ में अगर यह आ जाए, तो क्या अच्छा हो कि ख़ून के रिश्ते, दिल के नाते, न तक़सीम होते हैं और न टूटते हैं। बस्तीराम जैसे लोगों की कहानियाँ तो हमें यही बताती हैं।

6 नवंबर, 2005

ज़लज़ला बना रिश्तों का पुल

पाकिस्तान इस वक़्त शोक के आलम में है। हर तरफ़ उदासी है, बाज़ार सुनसान पड़े हैं, जिनमें इस वक़्त ईद की ख़रीदारी ऊँचाइयाँ छू रही होती है। दिन में और ख़ासतौर से रात को अगर चहल-पहल और रोशनियाँ नज़र आती हैं, तो उन रिलीफ कैंपों में, जो सैकड़ों की तादाद में शहर भर में फैले हुए हैं और जिनमें इमदादी सामान इकट्ठा किया जा रहा है। कराची ने इमदादी सामान और रक़म इकट्ठा करने में सारे मुल्क को पीछे छोड़ दिया है। यह सामान और रक़म अरबों में पहुँच चुके हैं।

इमदादी कामों के हवाले से हमारे यहाँ सबसे बड़ा नाम ऐधी साहब और उनकी बेगम बिलक़ीस ऐधी का है। सच तो यह है कि पाकिस्तान में ख़िदमत के काम को जितना बढ़ावा ऐधी साहब ने दिया, उसकी मिसाल नहीं मिलती। 1971 में जब मेरे वालिद का कराची के सिविल अस्पताल में रात के तीन बजे इंतक़ाल हुआ, तो उनकी मैयत घर ले जाने के लिए कोई एंबुलेंस नहीं मिल रही थी। बमुश्किल सेंट जोंस की एक तबाह हाल एंबुलेंस मिली, तो वह मील-भर चलकर ख़राब हो गई। मैं ख़राब एंबुलेंस में उनकी मैयत के साथ तन्हा बैठी रही। ड्राइवर पैदल चलता हुआ वापस अस्पताल गया और डेढ़ घंटे बाद दूसरी एंबुलेंस लेकर आया। दो-ढाई दशक पहले ऐधी साहब ने एंबुलेंस सर्विस का आग़ाज़ किया और आज आलम यह है कि पाकिस्तान के दूर-दराज़ इलाक़ों में उनकी एंबुलेंस

सर्विस काम करती है। इस ज़लज़ले के बाद भी सबसे पहले उन्हीं के वालंटियर उन जगहों पर मौजूद थे जहाँ फ़ौज या किसी दूसरी रिलीफ एजेंसी का नामोनिशान नहीं था। कार्यकर्ताओं और दीगर लोगों का कहना है कि इस मौक़े पर ऐधी फाउंडेशन का काम मिसाली है।

ये एक दर्दनाक हक़ीक़त है कि इस वक़्त सबसे ज्यादा तबाही पाकिस्तानी जेरे इंतज़ाम कश्मीर में हुई है। इसी तरफ इशारा करते हुए यहाँ के वज़ीरे आज़म सरदार सिकंदर हयात ने कहा कि मैं एक क़ब्रिस्तान का वज़ीरे आज़म हूँ। उन्होंने कहा कि प्रभावितों की इमदाद के लिए लाइन ऑफ़ कंट्रोल में नर्मी पैदा करने में कोई हर्ज नहीं और इस राह में रुकावट डालने वालों से बात की जा सकती है। वैसे यह ख़बर बिरतानिया के 'टेलीग्राफ' और दूसरे अख़बारों में आ चुकी है कि आठ अक्टूबर के ज़लज़ले के बाद फ़ौज की कई यूनिटें लोगों की मदद को पहुँचने के बजाए अपने तबाह मोर्चे ठीक करती रहीं। इस बात ने प्रभावितों को सदमा पहुँचाया है। और यह आने वाले दिनों में और बढ़ेगा। इसलिए कि मुख़्तलिफ़ इलाक़ों के लोग मिलकर बैठेंगे और अपनी-अपनी दुख भरी दास्तान एक-दूसरे को सुनाएँगे।

इस वक़्त आलम यह है कि बहुत से चश्मे (जलधाराएँ) सूख चुके हैं। दरिया-ए-नीलम का पानी ज़हरीला हो चुका है और लोग पानी की बूँद को तरस रहे हैं। बहुत-से ऐसे लोग भी हैं, जिन्हें इस ज़लज़ले ने आसमान से ज़मीन पर ला फेंका है। वे लोग जो दोमंज़िला घरों के मालिक थे, आज सड़क पर बैठे हुए इमदाद के मुंतज़िर हैं। वे लोग जिनके घरों में कई मुलाज़िम थे, इस वक़्त भिखारियों की-सी हालत में हैं। माँएँ बच्चों को ढूँढ़ती फिर रही हैं और बच्चे माँ-बाप की तलाश में दीवाने हो रहे हैं। एक अंदाज़े के मुताबिक़, पच्चीस हज़ार से ज़्यादा बच्चे अपने वालेदैन से महरूम हो चुके हैं। सबसे ज़्यादा मौतें स्कूलों में हुई हैं, जहाँ लड़के-लड़कियाँ क्लासों में थे। एक स्कूल में ढाई सौ बच्चे थे, जिनमें से सिर्फ़ तीन ज़िंदा बचे। एक कॉलेज की लड़कियाँ कॉलेज के अंदर ही दफ़न हो गईं। ज़मीन

का फटना, ज़िंदा लोगों का उसमें समा जाना, अपने लोगों को मलबे से निकाल न सकना और उनकी आह-व-जारी (रोना-धोना) सुनना—ये सब ऐसे भयानक तजुर्बे हैं, जिन्होंने सैकड़ों लोगों को दीवाना या नीम-दीवाना कर दिया है। ये लोग रातों को सड़कों पर घूमते, आसमान की तरफ़ देखकर क़हक़हा लगाते और अपने दाँतों से अपना बदन काटते नज़र आते हैं। डॉक्टरों का कहना है कि ऐसे मरीज़ों को ज़ेहनी (मानसिक) बीमारियों के अस्पतालों में दाख़िल कराना होगा, जहाँ उन्हें ठीक होने में बरसों लग सकते हैं और यह भी अंदेशा है कि ये कभी ठीक ही न हो सकें।

हिंदुस्तानी वज़ीरे आज़म मनमोहन सिंह की इमदाद की पेशकश और मिसेज़ सोनिया गाँधी की ज़लज़ला ज़दा इलाक़ों के दौरे की पेशकश को पाकिस्तान में बहुत सराहा जा रहा है। लोगों का ख़याल है कि यह वक़्त ख़ुद-साख़्ता (स्वनिर्मित) दुश्मनियों को भुलाकर इंसानी बुनियादों पर एक-दूसरे के काम आने का वक़्त है। यूँ भी दोनों तरफ़ के कश्मीरी और पाकिस्तानी-हिंदुस्तानी सब ही एक-दूसरे से ख़ून के रिश्तों से बँधे हुए हैं। दोनों का एक-दूसरे पर हक़ है। हिंदुस्तानी कश्मीर की पीपुल्स डेमोक्रेटिक पार्टी की चेयरपर्सन महबूबा मुफ़्ती ने बीबीसी हिंदी सर्विस को जो इंटरव्यू दिया था, उसकी यहाँ बहुत चर्चा है। इस प्रोग्राम में ऑल पार्टीज़ हुर्रियत कान्फ्रेंस के चेयरमैन मीर वाइज़ उमर फ़ारूक़ की इस बात को भी सराहा गया कि इस्लामाबाद और नयी दिल्ली को चाहिए कि वे इस मुश्किल वक़्त में एलओसी खोल दें, ताकि हम सरहद पार अपने भाइयों की मदद कर सकें। इस वक़्त दोनों मुल्क सियासी झगड़ों को नज़रअंदाज़ करके इंसानी तक़ाज़ों को सामने रखें। इस ज़लज़ले ने हिंदुस्तान के ज़ेरे इंतज़ाम कश्मीर में भी तबाही मचाई है, लेकिन यह तबाही यहाँ से कम है। इसके बावजूद, यहाँ इसकी धमक भी महसूस की जा रही है। अनगिनत कश्मीरी आरी और बारामूला में रहने वाले अपने रिश्तेदारों और दोस्तों के लिए परेशान हैं। हिंदुस्तान के मशहूर सहाफ़ी कुलदीप नैयर पाकिस्तान के अंग्रेज़ी अख़बार 'डान' में पाबंदी से छपते हैं। उन्होंने इस बारे में एक कॉलम लिखा, जिस पर उन्हें बहुत दाद

दी गई। इसी तरह बर्रे सग़ीर (उपमहाद्वीप) के लोगों के दिलों पर राज करने वाले सुपरस्टार अमिताभ बच्चन की इस बात को भी बहुत सराहा गया कि उन्होंने ज़लज़ले की तबाहियों की वजह से अपनी सालगिरह का प्रोग्राम कैंसल कर दिया। इस ज़लज़ले ने जहाँ पहाड़ गिराए हैं, सड़कें तबाह की हैं, घरों को मिट्टी का ढेर बनाया है, वहीं पाकिस्तान और हिंदुस्तान के लोगों के दरमियान इंसानी रिश्तों का ऐसा पुल तामीर किया है, जो आने वाले दिनों में और मज़बूत होगा।

23 अक्टूबर, 2005

बग़ैर सियासी पार्टी के चुनाव

पिछले हफ़्ते पाकिस्तान के चारों सूबों में लोकल गवर्नमेंट के चुनाव हुए। दुनिया भर में चुनाव सियासी जमातें लड़ती हैं, लेकिन हम दुनिया से निराले हैं। यहाँ सियासी जमातों पर चुनाव में हिस्सा लेने पर पाबंदी थी। इसलिए उन्होंने 'अवाम दोस्त पैनल, ख़ुशहाल पाकिस्तान, ग़रीब नवाज़, शहरी इत्तिहाद और अलख़िदमत पैनल' जैसे नामों से चुनाव में हिस्सा लिया। सभी को मालूम था कि कौन-सी जमात किस नाम से मैदान में उतरी है।

ये चुनाव 18 अगस्त को हुए थे और चार दिन बाद तक उनका नतीजा नहीं सुनाया गया था, जिस पर अपोज़ीशन पार्टियों ने काफ़ी एतराज़ किया। एतराज़ात तो उसी दिन से शुरू हो गए थे, जब चुनाव की तारीख़ आई थी। अपोज़ीशन पार्टियों का कहना था कि सरकार अपनी सियासी जमात (मुस्लिम लीग क़ायदे आज़म) और अपने हामियों (समर्थकों) को कामयाब कराने के लिए चुनाव से पहले जोड़तोड़ से काम ले रही है।

सिंध और पंजाब के चीफ़ मिनिस्टर अपने लोगों को कामयाब कराने के लिए काम करते रहे। मुस्लिम लीग (नवाज़) के लोगों की सियासी वफ़ादारियाँ तब्दील कराते रहे। चुनाव से पहले, चुनाव वाले दिन और उसके बाद जो कुछ हुआ, उसने अपोज़ीशन को ग़ुस्से से बेहाल कर दिया है।

सरकारी मुस्लिम लीग (क़) को कामयाब कराने के लिए जो

धाँधलियाँ की गईं, उसकी वजह से अपोज़ीशन पार्टियाँ सरकारी मुस्लिम लीग (क़) को 'क़व्वाल लीग' के नाम से याद कर रही हैं। अपोज़ीशन वालों का कहना है कि सरकार ने धाँधली के तमाम रिकॉर्ड तोड़ दिए हैं। वज़ीरे आज़म (प्रधानमंत्री) कह रहे हैं कि चुनाव बिलकुल साफ़-शफ़्फ़ाफ़ (पारदर्शी) हुए हैं और मुल्क में पार्लिमानी निज़ाम (लोकतांत्रिक व्यवस्था) ने जड़ पकड़ ली है। पीपुल्स पार्टी, मुस्लिम लीग (नवाज़), मज़हबी जमातों के सियासी इत्तिहाद (राजनीतिक गठबंधन) एमएमए और दूसरी अपोज़ीशन पार्टियों का कहना है कि मौजूदा हुकूमत पार्लिमानी निज़ाम को जड़ से उखाड़ फेंकने के चक्कर में है। लोकल गवर्नमेंट इलेक्शन फ्रॉड थे, इसीलिए चुनाव के नतीजों का ऐलान देर में किया गया। इन धाँधलियों के बारे में एक 'व्हाइट पेपर' जारी करने की बात भी हो रही है। यह कहा जा रहा है कि चार दिन गुज़र जाने के बाद भी जीतने वालों के नामों का सरकारी ऐलान इसलिए नहीं किया गया कि सरकार अपने हामी उम्मीदवारों को कामयाब कराने के लिए धाँधली करा रही है। 18 अगस्त को सुबह-सवेरे कुछ रिटर्निंग अफसर, भरे हुए बैलेट बॉक्स के साथ पकड़े जा चुके हैं। मैं इस कॉलम में पहले भी लिख चुकी हैं कि सूबा सरहद के कई ज़िलों में रस्मो-रिवाज के नाम पर इलाक़े के बुजुर्गों ने औरतों के इलेक्शन में हिस्सा लेने और वोट डालने पर पाबंदी लगा दी थी। इलेक्शन कमिश्नर की सख़्त वार्निंग के बावजूद इन इलाक़ों में वही हुआ है, जिसका 'हुक्म' बुजुर्गों ने दिया था। लोगों का ख़याल है कि चीफ़ इलेक्शन कमिश्नर ने इन ज़िलों के चुनाव को मनसूख (रद्द) नहीं किया, तो इन इलाक़ों की औरतों का फिर खुदा ही हाफ़िज है।

इस जुमले से याद आया कि कई बरस से 'खुदा हाफ़िज' कहना हमारे यहाँ आउट ऑफ़ फ़ैशन हो चुका है। एक ज़माना था कि हमारे घरों में 'आदाब' और 'खुदा हाफ़िज' का रिवाज था, लेकिन जब पाकिस्तान में जनरल ज़ियाउलहक़ ने इक़्तिदार (सत्ता) पर क़ब्ज़ा किया, तो वही आलम हुआ, जो औरंगज़ेब के तख़्त पर बैठने के बाद हुआ था।

मौसीक़ी के प्रोग्राम कम-से-कम हुए। रक़्स पर ऐसी पाबंदी लगी

कि हमारी बेहतरीन रक़्क़ासाएँ (नर्तकियाँ) नाहीद सिद्दीक़ी और निगहत चौधरी मुल्क छोड़कर चली गईं। जिन लोगों के घरों में तबला, हारमोनियम और सारंगी पाए जाते थे, वह उन्हें यूँ छूपाते फिरते, जैसे चोरी का माल छुपाया जाता है। टेलीविज़न पर ड्रामों में काम करने और ख़बरें पढ़ने वालियों पर पाबंदी लगी कि वह साड़ी पहनकर नहीं आएँगी। ड्रामे में माँ, बेटे को छू नहीं सकती थी और टी.वी. ड्रामों का एक कामयाब जोड़ा समीना पीरज़ादा और उस्मान पीरज़ादा स्क्रीन पर मियाँ-बीवी के तौर पर आया, उसमें मियाँ ने बीवी को तलाक़ दे दी, तो हाहाकार मच गया कि यह तो सचमुच की तलाक़ हो गई। अब उस्मान और समीना महीनों यह फ़तवा लेने के लिए मौलवियों के घरों के चक्कर लगाते रहे कि कहीं वाक़ई तलाक़ तो नहीं हो गई। ऐसी ही आफ़त 'ख़ुदा हाफ़िज़' पर पड़ी। ख़ुदा फ़ारसी का लफ़्ज़ है, इसलिए 'ख़ुदा हाफ़िज़' की पतंग कट गई और उसके बजाय 'अल्लाह हाफ़िज़' कहा जाने लगा। आलम यह है कि पाकिस्तान में क्या बच्चे, क्या बूढ़े, सब ही अल्लाह हाफ़िज कहते हैं।

ख़ुदा हाफ़िज़ कहने वाले अब मुझ जैसे मुट्ठी भर लोग बचे हैं। हम जब रुख़सत हो जाएँगे, तो इस 'ख़ुदा हाफ़िज़' का क्या होगा? हमें नहीं मालूम। हो सकता है कि हमारे यहाँ से सरकारी तौर पर लता जी से यह दरख़्वास्त की जाए कि वह गाना 'हाफ़िज़ ख़ुदा तुम्हारा' फिर से रिकॉर्ड करवाएँ और उसमें 'ख़ुदा' के बजाए किसी तरह 'अल्लाह' का लफ़्ज़ टाँक दें। इस तरह लता जी का भी भला होगा और हम सब जब भी उनका यह गीत सुनेंगे, हमारा ईमान भी ताज़ा हो जाएगा।

ताज़ा ख़बर हिंदुस्तान वालों के लिए यह है कि स्टार प्लस पर दिखाए जाने वाले ड्रामों 'क्योंकि सास भी कभी बहू थी' और 'कहानी घर-घर की' की तरह अब हमारा एक प्रायवेट चैनल भी दूर की कौड़ी लाया है और इन ड्रामों के जवाब में 'सास जब हो जवान तो बहू क्यों न हो परेशान' जैसा ड्रामा पेश कर रहा है। वे लोग जो पहले ही सास-बहू के इन ड्रामों से घबराए हुए थे, वे अब सिर पकड़े बैठे हैं कि जाएँ तो जाएँ कहाँ!

28 अगस्त, 2005

स्मगलरों की इनायत से साझा इतिहास

आमिर ख़ान की 'मंगल पांडे' कुछ दिनों पहले ही सारे हिंदुस्तान में रिलीज़ हुई है। हमारे यहाँ भी उसका बेक़रारी से इंतज़ार हो रहा है। बारकपुर के मंगल पांडे और ईश्वरी पांडे के नाम मैंने 1957 में उस वक़्त पढ़े थे, जब 1857 की जंग-ए-आज़ादी की सदी मनाई जा रही थी। अकसर हमारे उर्दू अख़बारों ने मुसलमान किरदारों को ज़्यादा उठाया था, जबकि एक लेफ्टिस्ट अख़बार 'इमरोज़' ने अपना स्पेशल 'जंग-ए-आज़ादी एडीशन' शाए (प्रकाशित) किया था। उसमें मंगल पांडे का नाम जंग-ए-आज़ादी के पहले शहीद के तौर पर दिया गया था। उसमें हज़रत महल, बख़्त ख़ान और दूसरे मुसलमान लड़ाकों के साथ-साथ झाँसी की रानी लक्ष्मी बाई, तात्या टोपे, राजा कुँअर सिंह, अमर सिंह और जाने किस-किस का नाम था। जगदीशपुर के राजा कुँअर सिंह की चर्चा हमारे घर में बहुत दिनों होती रही थी। जगदीशपुर से कुछ ही फ़ासले पर मेरी जन्मभूमि सहसराम है। मेरे एक परदादा, मिर्ज़ा दिलदार बेग भी मंगल पांडे की तरह ईस्ट इंडिया कंपनी की फ़ौज में थे। उन दिनों वह झेलम में तैनात थे। उन्होंने भी अपने अंग्रेज़ अफ़सरों का हुक्म मानने से इनकार कर दिया था और उन्हें दरियाए झेलम के किनारे एक पेड़ पर सूली दे दी गई थी। शहादत के इस रिश्ते से बँधे हुए मंगल पांडे, मिर्ज़ा दिलदार बेग और हज़ारों हिंदुस्तानी एक ही क़बीले के थे। यह शहादत पाने वालों का क़बीला था जिसके आख़िरी बड़े नाम भगतसिंह और दादा अशफ़ाक़ थे।

अफ़सोस कि पाकिस्तान में हिंदुस्तानी फिल्में नहीं दिखाई जातीं, वरना यहाँ हम भी इस तारीखी फिल्म को बड़ी स्क्रीन पर देखते और आमिर ख़ान, रानी मुखर्जी, फ़र्रुख ढौंढी और केतन मेहता को दाद देते। अब तो हम सबको इसका इंतज़ार है कि दुबई या लंदन के रास्ते इस फिल्म की डीवीडी हम तक पहुँचे और हम अपनी मुश्तरिक तारीख़ (साझा इतिहास) का एक हिस्सा स्मगलरों की इनायत से देखें और जी ख़ुश करें। ऐसे मौक़ों पर स्मगलरों का शुक्रिया अदा करने का जी चाहता है।

जी ख़ुश तो 14 अगस्त को सुबह-सवेरे दिल्ली से आने वाले फ़ोन से भी हुआ। यह वाणी प्रकाशन के अरुण माहेश्वरी थे। उन्होंने मुँह अँधेरे 'भास्कर' में मेरा कॉलम पढ़ा था और ख़ुश होकर फ़ोन किया था। वह देर तक दिल्ली में अगले बरस होने वाले बुक फेयर की बातें करते रहे। यह बुक फेयर अब दिल्ली के कल्चर का एक ऐसा इवेंट है, जिसका दुनिया भर में इंतज़ार होता है।

एक इवेंट चंद दिनों पहले हमारे शहर कराची में भी हुआ। वे लोग जो कराची छोड़कर दिल्ली, भोपाल और हिंदुस्तान के दूसरे शहरों में जा बसे हैं, उन्हें बचपन या नौजवानी की यह बात याद होगी कि शहर में गधा-गाड़ियों की रेस होती थी, जिसमें लियारी और दूसरे इलाक़ों और कभी-कभी हैदराबाद (सिंध) और शिकारपुर से आने वाली गधा-गाड़ियाँ भी हिस्सा लेती थीं। आज के लोगों को यह रेस शायद अजीब-सी लगे, लेकिन एक ज़माना था कि गधा-गाड़ी और ऊँट-गाड़ी कराची शहर में सामान लाने-ले जाने का सबसे बड़ा ज़रिया थीं। ट्रक और मिनी ट्रक तो बहुत बाद में आए और अपनी तेज़ रफ़्तारी के सबब छा गए। इसके बावजूद आज भी कराची की सड़कों पर गधा-गाड़ियाँ दौड़ती नज़र आती हैं। धोबी उन्हीं पर धुले हुए और मैले कपड़ों की गठरियाँ लादे फिरते हैं। सब्ज़ी-तरकारी, ईंटों और लोहे के सरियों से लदी हुई ये गधा-गाड़ियाँ कभी ट्रैफिक के आने-जाने में रुकावट बनती हैं, कभी यह भी होता है कि ज़रूरत से ज़्यादा बोझ से लदे गधे लड़खड़ाकर गिर पड़ते हैं। और फिर उठाए नहीं उठते।

चंद दिनों पहले जश्न-ए-आज़ादी मनाने का एक तरीक़ा यह भी देखने में आया कि कराची की सिटी डिस्ट्रिक्ट गवर्नमेंट ने गधा-गाड़ियों की दौड़ का अहतमाम (आयोजन) किया। उस रोज़ शहर की सबसे भरी-पूरी और ख़ूबसूरत सड़क पर पचास गधा-गाड़ियाँ एक-दूसरे से आगे निकलने की कोशिश कर रही थीं। उन्हें हाँकने वालों ने अपने गधों को चाँदी के और फूलों के गहनों से सजाया हुआ था। पैरों में घुँघरू बँधे थे, जिनकी आवाज़ सुनने वालों को लुत्फ़ दे रही थी और उन गाड़ियों को चलाने वाले अपने-अपने जानवर का नाम लेकर उनका हौसला बढ़ा रहे थे। देखने वालों ने इस दौड़ को बहुत शौक़ से देखा और इस बात पर ख़ुश हुए कि शहर की वह सबसे चौड़ी और शानदार सड़क, जिस पर हर वक़्त वीवीआईपी मूवमेंट रहती है, पुलिस की सीटियाँ बजती हैं, मिलिट्री पुलिस के हूटर और सायरन चीख़ते हैं, 'हटो-बचो' की आवाज़ें पड़ती हैं, ट्रैफिक रोक दिया जाता है और हज़ारों लोग बेबस खड़े रहते हैं और पाकिस्तान के अहम-तरीन साहब बहादुरों की सवारियाँ गुज़रती हैं। इसी सड़क पर चंद दिनों पहले, चंद घंटों के लिए गधों का राज था। इस दौड़ में पहले, दूसरे और तीसरे नंबर पर आने वालों को इनाम भी दिए गए और उन्हें सरकारी अफ़सरान ने फूलों से लाद दिया। चलिए कराची के सरकारी अफ़सरों ने कभी तो ढंग का एक काम किया। कराची का पुराना कल्चर और उसकी गधा-गाड़ियाँ जिंदाबाद!

21 अगस्त, 2005

क़ब्रिस्तान में औरतों की रूहें

पाकिस्तान और बतौरे-ख़ास सिंध में 'कारोकारी' या ऑनर किलिंग के वाक़ेआत पहले भी होते थे, लेकिन अब ऐसे क़त्ल वबा (महामारी) की सूरत इख़्तियार कर गए हैं। बहनों की जायदाद हथियाने, पुरानी दुश्मनी निकालने और अपने घर की बहू-बेटियों से निजात पाने का यह निहायत सस्ता नुस्ख़ा है। बस एक कुल्हाड़ी लीजिए और पहले अपने घर की लड़की या औरत का सिर उड़ा दीजिए, उसके बाद अपने किसी दुश्मन को उसका 'आशना' (प्रेमी) कह कर मार डालिए। दोनों की लाशें साथ-साथ डाल दीजिए। इस काम के बाद वडेरे (सरदार) के डेरे पर या थाने चले जाइए। सरदार आपको अपनी पनाह (रक्षा) में ले लेगा और पुलिस मुक़दमा दर्ज़ नहीं करेगी। या फिर थाने जाकर यह कह दीजिए कि इन दोनों के नाजायज़ ताल्लुक़ात थे, मेरी ग़ैरत इसे गवारा न करती थी। चलिए साहब! पुलिस वाले भी खुश कि ऊपर की आमदनी का रास्ता खुला। मुक़दमा कौन दर्ज़ कराए, कौन चलाए, इसलिए कि वाली-वारिस (परिजन) ही क़ातिल होते हैं। घर की औरतें, माँ या बहनें रो-पीट कर बैठ जाती हैं।

इन ख़बरों को पढ़ने के हम सब आदी हो चुके हैं। चंद घंटे या चंद दिन कुढ़ते हैं और फिर भूल जाते हैं, लेकिन दो दिन पहले सिंध के शहर घोटकी से ऐसी अजीब ख़बर आई है जिस पर ऐतबार करने का जी नहीं चाहता। ख़बर कुछ यूँ है कि कराची से पाँच सौ किलोमीटर के फ़ासले पर ताल्लुक़ा हेडक्वार्टर ढरकी से सत्तर किमी.

दूर यूनियन कौंसिल बरुथा में चार क़ब्रिस्तानों का पता चला है, जिनमें लगभग दो सौ औरतें दफ़न हैं। इन क़ब्रिस्तानों में आम लोग और बस्ती वाले दाख़िल नहीं हो सकते। यहाँ सिर्फ़ वही लोग आते हैं, जो यहाँ किसी औरत को लाकर क़त्ल करते हैं और फिर यहीं दफ़न कर देते हैं। इन क़ब्रिस्तानों की कोई चारदीवारी नहीं है और इनमें हर तरफ़ झाड़ियाँ उगी हुई हैं। आसपास के आठ-दस गाँव ख़ाली हो चुके हैं, क्योंकि इन गाँव वालों का कहना है कि रात में उन्हें क़त्ल होने वाली औरतों की रूहें नज़र आती हैं और उनके रोने की आवाज़ें सुनाई देती हैं।

21वीं सदी में हमारे यहाँ की बेशुमार ग़रीब और पिछड़ी हुई औरतों का यह मुक़द्दर है। उनके अंजाम पर उदास होते हुए मुझे भोपाल की रियासत याद आती है, जहाँ एक सदी से ज्यादा सिर्फ़ औरतों ने हुकूमत की। प्रिंसेस आबिदा सुल्तान याद आती हैं, जिनकी ख़ुद-नविश्त (आत्मकथा) उनकी मौत से कुछ दिन पहले 'मेमोरीज़ ऑफ़ अ रीबेल प्रिंसेस' के नाम से आई है। भोपाल की बेगम आबिदा सुल्तान ने अगर एक बाग़ी शहज़ादी की ज़िंदगी गुज़ारी तो इस बारे में हैरान नहीं होना चाहिए। फ़ारसी, अरबी, उर्दू और अंग्रेज़ी उन्हें बचपन से पढ़ाई गई। लकड़ी का काम और जस्त के बरतन बनाना सिखाया गया। वह कमाल की निशानेबाज़ और घुड़सवार थीं। घुड़सवारी उन्होंने उस उम्र में सीखी, जब उन्होंने चलना भी शुरू नहीं किया था। वह हॉकी और क्रिकेट खेलतीं, मौसीक़ी की शौक़ीन थीं। हारमोनियम बजातीं और हर एडवेंचर में आगे-आगे रहतीं। कार चलातीं, तो उसकी रफ़्तार से साथ बैठने वालों की चीख़ें निकल जातीं। मुहिमजूई (एडवेंचर) उनके मिज़ाज का हिस्सा थी। ऐसे में साबिक़ (पूर्व) बेगम भोपाल, सुल्तान जहाँ बेगम की निगरानी में कड़े परदे की पाबंदी करना उनके लिए एक सज़ा थी। बारह बरस की उम्र में जब वह वली अहद (उत्तराधिकारी) नामज़द की गईं, तो शाही जुलूस में वह इस हुलिए में शामिल थीं कि उनका पूरा वजूद एक काले बुरके में लिपटा हुआ था और सियाह बुरके की टोपी पर ताज जगमगा रहा था।

यह सब कुछ आबिदा सुल्तान के लिए अज़ाब से कम न था।

आख़िरकार उन्होंने रस्सियाँ तुड़ाईं, कमर से नीचे आने वाले बाल काटकर फेंके। पर्दा तर्क किया (छोड़ा) और भोपाल की सड़कों पर मोटरसाइकिल दौड़ाने लगीं। एक मर्तबा घर से फ़रार हुईं और भेस बदलकर हवाई जहाज़ उड़ाना सीखती रहीं। उधर भोपाल के नवाब उनकी तलाश में हिंदुस्तान भर की ख़ाक छानते रहे। शादी हुई, एक बेटा पैदा हुआ। शहज़ादी की शादी को नाकाम होना था, सो हो गई। बहुत भारी क़ीमत देकर उन्होंने अपने इकलौते बेटे की तहवील (अधिकार) हासिल की जिस पर वह आख़िरी साँस तक जान छिड़कती रहीं और जो आज पाकिस्तान क्रिकेट बोर्ड का चेयरमैन है। और जिसका नाम शहरयार ख़ान है।

प्रिंसेस आबिदा सुल्तान की ख़ुद-नविश्त हिंदुस्तानी अशराफ़िया (ख़ानदानी लोग) की एक ऐसी औरत की कहानी है, जिसने बग़ावत के रास्ते पर क़दम रखा और अपने बाद आने वालियों के लिए नयी राहें खोलीं। यह ख़ुद-नविश्त हमारे सामने भोपाल के महलात से मलीर (कराची) के मज़ाफात (ग्रामीण क्षेत्र) और मुल्क चीन से अमेरिका तक ज़िंदगी गुज़ारने वाली ऐसी लड़की का क़िस्सा है, जिसने उस अहद (ज़माने) की लड़कियों और औरतों की आँखों में ख़्वाबों के जाने कितने चिराग़ जलाए। लेकिन मुझे घोटकी के क़ब्रिस्तान में दफ़न वे कारी औरतें याद आती हैं, जिनके लिए किसी आँख से आँसू नहीं गिरते और जिनकी क़ब्र पर कोई चिराग़ नहीं जलता।

चिराग़ की बात आई है, तो बर्रे-सग़ीर (उपमहाद्वीप) की महान गायिका लता मंगेशकर की याद आई। पाकिस्तान में उनके चाहने वालों की तादाद लाखों नहीं, करोड़ों में है। शहर के किसी बाज़ार और गाँव के किसी छप्पर होटल में चले जाइए, लता जी की आवाज़ का जादू लोगों के सिर चढ़ बोलता है। ख़बर आई है कि वह पाकिस्तान की फिल्म 'देवदास' के लिए दो गाने रिकॉर्ड कराएँगी। यहाँ के लोग इस ख़बर को सुन कर ख़ुशी से फूले नहीं समाते। वह उस दिन का इंतज़ार कर रहे हैं जब यह ख़बर हक़ीक़त बन जाएगी।

14 अगस्त, 2005

गोली से नहीं मरते ख़्वाब

मैं यह कॉलम लिखने बैठी हूँ, तो मेरी निगाहों में जुबैदा बेगम की मुसकराती हुई तस्वीर फिर रही है। वह एक ऐसे इलाक़े में पैदा हुई, जहाँ औरतों का साँस लेना भी दुश्वार है। चंद बरस की हुई, तो किताबों के इश्क़ में गिरफ्तार हुई। लड़ते-झगड़ते पढ़ती गई, आगे बढ़ती गई। पेशावर यूनिवर्सिटी से उसने बी.ए. किया और फिर बीस बरस तक अपने इलाक़े की लड़कियों में तालीम तक़सीम करती रही। उसकी शादी हुई, तीन बेटियाँ हुईं, फिर वह बेवा हो गई। इलाक़े के कट्टरपंथी उसके रास्ते में रोड़े अटकाते रहे, लेकिन उसने हिम्मत नहीं हारी। अपने इलाक़े की औरतों और लड़कियों की ज़िंदगी को बेहतर बनाने के लिए वह दिन-रात काम करती रही। उसने एक एनजीओ खोला, अपने इलाक़े में औरतों के लिए एक वोकेशनल सेंटर क़ायम किया, लड़कियों के स्कूल की बेहतरी के लिए शोर मचाती रही। पिछले लोकल बॉडीज इलेक्शन में औरतों की रिज़र्व सीट पर इलेक्शन लड़ने की हिम्मत की, हालाँकि उस मर्तबा भी इलाक़े में ऐलान हो गया था कि कोई औरत न इलेक्शन में खड़ी होगी और न वोट डालेगी। वह यूनियन कौंसिल में मुंतख़ब (निर्वाचित) हुई और काउंसलर बनकर अपने इलाक़े के लोगों की ज़िंदगी बेहतर बनाने के लिए काम करती रही। उसकी यूनियन कौंसिल के कट्टरपंथियों को उसका काम करना पसंद न था। उसने अपने इलाक़े में पक्की सड़क बनवाई। एक ऐसी सड़क, जिसका असल फ़ायदा इलाक़े के

मर्दों को है। औरतों या लड़कियों को तो उस पर चलना बहुत कम नसीब होता है। कामों की बुनियाद पर सितंबर, 2004 में उसे साल का सोशल वर्कर अवार्ड मिला। लोग उससे कुछ और नाखुश हुए और फिर उनकी नफ़रत इतनी बढ़ी कि पहली जुलाई, 2005 की रात कुछ लोग उसके घर में घुसे। जुबैदा सो रही थी। शायद अपनी औरतों के लिए कोई नया ख़्वाब देख रही हो और फिर चंद गोलियों ने उसे अबदी नींद (चिरनिद्रा) सुला दिया। उसके बराबर में 17 बरस की उसकी नौजवान बेटी शुमायला सो रही थी। वह भी ख़त्म कर दी गई। कट्टरपंथी कहीं के भी हों, यही समझते हैं कि किसी एक बहादुर औरत या मर्द की मौत उनकी हर मुश्किल आसान कर देगी। पर वह भूल जाते हैं कि ख़्वाब कभी नहीं मरते। क़त्ल होने वालों की आँखों के ख़्वाब, दूसरों की आँखों में चिराग़ की तरह जल उठते हैं। जुबैदा मनों मिट्टी के नीचे सो गई है, लेकिन उसकी आवाज़ कट्टरपंथियों से कह रही है–*हम न होंगे, कोई हम-सा होगा।*

हमें इन दिनों बारिशों से मुंबई में होने वाली तबाही ने परेशान कर रखा है। ज्यादा पुरानी बात नहीं, जब कराची, बंबई प्रेसीडेंसी का हिस्सा था। तारीख़ (इतिहास) बदल गई, लेकिन जुग़राफ़िया (भूगोल) तो आज भी वही है। दोनों शहरों के साहिलों को एक ही समंदर की लहरें चूमती हैं। शायद यही वजह है कि मुंबई पर कोई आफत आए, तो कराची वालों का दिल ज़्यादा ही कटता है। कोई मुंबई का नाम ले, तो कृष्ण चंदर और इस्मत चुग़ताई की याद आती है। यह दोनों नहीं रहे, लेकिन उनके नाम और सरदार जाफ़री, कैफ़ी आज़मी, साहिर, मजरूह, खुमार, राजेंद्र सिंह बेदी, महेंद्रनाथ और ज़ोए अंसारी के नाम मुंबई की अदबी तारीख़ में कहकशां (सप्तर्षि) की तरह जगमगाते हैं। मुंबई से हमारे एक नहीं हजार रिश्ते-नाते हैं। क्या नौजवान, क्या बूढ़े और क्या बच्चे, सभी के दिलों पर बालीवुड के सितारे राज करते हैं। खबर यह है कि मुंबई के बादल अब कराची पहुँचने वाले हैं। हम सब डरे बैठे हैं। हमारे यहाँ किसी मनचले ने शमशाद बेगम का गीत 'घटा घनघोर घोर, मोर मचावे शोर, मोरे सजन आजा', तेज़ आवाज़ में लगा दिया, तो मोर के बजाए मुहल्ले

की बड़ी-बूढ़ियाँ शोर मचाने लगीं, 'अरे कम्बख़्त मुंबई के बादल इधर को ही आ रहे हैं। उन्होंने यह मल्हार सुन लिया, तो रेल के बजाए हवाई जहाज़ में बैठकर आ जाएँगे।' मुंबई तो बहुत पुराना और जमा-जमाया शहर है। कराची तो दो बूँद में गले-गले डूब जाता है। ऐसी घटा घनघोर यहाँ बरसी, तो शहर का क्या होगा।

शहर वाले इस वक़्त आम की फ़सल के मज़े लूट रहे हैं। जगह-जगह मैंगो पार्टीज़ हो रही हैं। आम की नुमाइश लग रही है। जिसमें दर्जनों नस्ल के आम अपनी बहार दिखा रहे हैं। चंद दिनों पहले आर्ट्स कौंसिल कराची में मेंबरों के लिए एक आम पार्टी हुई। सुना है कि उसमें लोग चंद घंटों में चालीस मन यानी 1600 किलो आम चट कर गए। आर्ट्स कौंसिल कराची के मेंबर तो हम भी हैं, लेकिन आम के बारे में इस बात के कायल हैं कि आला नस्ल के आम हों और बक़ौल मिर्ज़ा ग़ालिब बहुत-से हों और उससे भी बढ़कर यह कि घर में खाए जाएँ, तब ही उनका लुत्फ़ है। आर्ट्स कौंसिल कराची वाले भी निचला बैठना नहीं जानते, अभी आम खिलाकर फ़ारिग़ हुए थे कि अब इंटरनेशनल फिल्म फेस्टिवल का डोल डाल दिया। इसमें इंग्लैंड, अमेरिका, ईरान, जापान, जर्मनी, फ्रांस की फिल्में दिखाई जाएँगी और हाँ! हिंदुस्तान की 'वीर ज़ारा' दिखाने का भी ऐलान हुआ है। उस रोज़ क्या होगा मुझे मालूम नहीं क्योंकि पाकिस्तान वाले बड़ी स्क्रीन पर हिंदुस्तानी फिल्में देखने के लिए तरसे हुए हैं।

7 अगस्त, 2005

बम धमाकों से बदला मुमकिन नहीं

यूँ महसूस होता है, जैसे इन दिनों परेशानकुन (परेशान करने वाली) ख़बरों ने हमारा घर देख लिया है। सात जुलाई को लंदन में होने वाले धमाकों की ख़बर आई, तो वे तमाम लोग परेशान हो गए, जिनके बच्चे, रिश्तेदार या दोस्त लंदन में रहते हैं। वे जिन्हें घर या दफ़्तर में फ़ोन मयस्सर है, उन्होंने धड़ाधड़ लंदन के लिए कॉल बुक कराईं। वे जो इस नेमत (प्रभु उपहार) से महरूम (वंचित) हैं, उन्होंने मुल्क भर के बड़े और छोटे शहरों और क़स्बों में पब्लिक टेलीफ़ोन बूथ पर क़तार लगाई।

ऐसी अलमनाक (दुखदायी) ख़बर आए, तो फ़ासले वहशत (घबराहट) में इज़ाफ़ा कर देते हैं। हर शख़्स अपने प्यारों की आवाज़ सुनने या ख़ैरियत जानने के लिए बेक़रार हो जाता है। इस मौक़े पर मुझे हिंदी के बेमिसाल अदीब कमलेश्वर की कहानी 'अजीत' याद आई, जिसमें 'अजीत' नामक एक शख़्स के मारे जाने पर हर वो शख़्स पब्लिक टेलीफ़ोन बूथ की तरफ़ दौड़ता है, जिसके किसी अज़ीज़ दोस्त या रिश्तेदार का नाम 'अजीत' है। कमलेश्वर साहब बड़े लेखक हैं, उन्होंने कहानी को अजब मोड़ पर ख़त्म किया है, लेकिन पाकिस्तान वालों के लिए लंदन की रेल और बस में हुए बम-धमाके एक नये अज़ाब का आग़ाज़ साबित हुए।

अभी सब इस बात पर खुश हो रहे थे कि मारे जाने वालों में हमारा कोई न था (यह खुदग़र्ज़ी का वह चेहरा है, जिस पर नज़र

डालते हुए भी शर्म आती है)। लोगों ने सुकून की साँस अभी ली ही थी कि यह ख़बर हर उस घर में पहुँच गई, जहाँ रेडियो या टेलीविज़न मौजूद है, या जहाँ अख़बार आता है कि यह ख़ुदकुश (आत्मघाती) बमबार नौजवान पाकिस्तान से तर्के-वतन (देश छोड़ना) करके जाने वालों की औलाद थे, बरतानिया (इंग्लैंड) में पैदा हुए और वहीं पले-बढ़े थे। इस ख़बर का नश्र (प्रसारित) होना था कि बरतानिया में रहने वाला हर पाकिस्तानी मशकूक (संदेहास्पद) हो गया। वे लोग जो बरतानिया में रहते हैं, ख़ौफ़ और घबराहट का शिकार हैं। उनकी समझ में नहीं आ रहा कि अपने अंदर मौजूद इंतिहा पसंदों (उग्रवादियों) को किस तरह पहचानें और उन्हें यह बात कैसे समझाएँ कि अफ़गानिस्तान, इराक़ और फ़िलिस्तीन में जो ज़ुल्मोसितम हो रहा है, उसका जवाब यह नहीं कि मग़रिब (पश्चिम) के बेगुनाह शहरियों के चीथड़े उड़ा दिए जाएँ।

चीथड़े तो उनके भी उड़ गए, जो कराची एक्सप्रेस, क्वेटा एक्सप्रेस और तेज़गाम में सवार थे। सूबा सिंध के एक छोटे-से स्टेशन 'सरहद' पर ये तीन रेलगाड़ियाँ इस तरह टकराईं कि उन्हें काटकर अलग करना भी एक बड़ा मसला बन गया। सरकार का कहना है कि इसमें 150 अफ़राद (लोग) हलाक और सैकड़ों ज़ख़्मी हुए। मौक़े पर पहुँचने वाले सहाफ़ियों का कहना है कि हलाक शुदगान (मृतकों) की तादाद इससे कहीं ज़्यादा है। हमेशा की तरह इस मर्तबा भी सारा इलज़ाम काँटा बदलने वाले के सिर डाल दिया गया। एक रेलवे अफ़सर यह दूर की कौड़ी लाए कि कराची एक्सप्रेस के ड्राइवर की आँख लग गई थी। इस हादसे में जान से गुज़रने वाले ड्राइवर के ऊँघने की इत्तिला इन अफ़सर-ए-आला को कैसे हुई, यह तो वही बेहतर जानते हैं, लेकिन रेलवे के वज़ीर ने शहर 'सहरद' के कई रेलवे मुलाज़मीन को मुअत्तिल (सस्पेंड) कर दिया।

हिंदुस्तान में जो लाखों लोग हर वक़्त रेलगाड़ियों में होते हैं और मुंबई से दिल्ली और दिल्ली से कोलकाता का सफ़र आराम से करते हैं, वह पाकिस्तान रेलवे की ख़स्ता हाली (दयनीय स्थिति) का तसव्वुर भी नहीं कर सकते। हमारे यहाँ आज भी रेलवे का निज़ाम

काँटा बदलने वाले के हाथ और उस बूढ़े की लालटेन पर मुनहसिर (निर्भर) है, जो उसे हिलाकर आने वाली गाड़ी के ड्राइवर को रास्ता साफ़ होने की ख़बर देता है। हमारे रेलवे के वज़ीर ने जब अपने महकमे के बाज़ मुलाज़मीन (कर्मचारियों) पर इस हादसे की ज़िम्मेदारी आयद की और पाँच रेलवे मुलाज़िमों को मुअत्तिल करने का ऐलान किया, तो एक दिलजले सहाफ़ी (पत्रकार) ने उन्हें मशविरा दिया कि वह खुद क्यों नहीं इस्तीफ़ा दे देते। उन्होंने बात सुनी-अनसुनी कर दी।

दूसरे ने उन्हें याद दिलाया कि लाल बहादुर शास्त्री जी रेलवे के सेंट्रल मिनिस्टर थे, उनके ज़माने में रेलगाड़ी का एक हादसा हुआ, तो उन्होंने फौरन इस्तीफ़ा दे दिया था। वज़ीर-ए-रेल ने जब इस बात पर भी कान नहीं धरा, तो तीसरे ने दूसरे को तसल्ली देते हुए कहा कि यार परेशान क्यों होते हो। शास्त्री जी इंडिया के प्राइम मिनिस्टर इसीलिए बने थे कि उन्होंने रेलवे की मिनिस्ट्री से इस्तीफ़ा दे दिया था। अब अगर हमारे मिनिस्टर साहब, मिनिस्टरों के 'प्राइम टाइम' में नहीं जाना चाहते, तो मैं या तुम भला क्या कर सकते हैं।

कुछ लोगों की ज़िंदगी का 'प्राइम टाइम' बचपन में ही आ जाता है। ऐसी ही एक पाकिस्तानी लड़की आरिफ़ा करीम है। दस बरस की उम्र तो बस आइसक्रीम के लिए ज़िद करने की होती है, लेकिन फ़ैसलाबाद (पुराना लायलपुर) की रहने वाली यह लड़की पाँच बरस की उम्र में कंप्यूटर के इश्क़ में गिरफ़्तार हुई और जल्द ही उसने बाप से मुतालिबा (माँग) कर दिया कि उसे कंप्यूटर ख़रीद कर दे दिया जाए। बाप ने बेटी का मुतालिबा पूरा कर दिया।

देखते ही देखते उसने ऐसी महारत का मुज़ाहिरा किया कि बाप ने उसे एप्लाइड टेक्नालॉजीज़ के एक माने हुए इंस्टीट्यूट में दाख़िल करा दिया। इंस्टीट्यूट वालों का ख़याल था कि उसे सर्टिफिकेशन लेने में एक साल लगेगा लेकिन आरिफ़ा ने वह काम चार महीने में कर दिखाया और इन दिनों जबकि वह सिर्फ़ दस बरस की है, उसने माइक्रोसॉफ्ट का सर्टिफाइड प्रोफेशनल एक्जामिनेशन पास कर

लिया है और वह दुनिया की सबसे कम उम्र प्रोग्रामर बन गई है। आजकल वह माइक्रोसॉफ्ट कंपनी के मालिक बिल गेट्स की मेहमान है।

आरिफ़ा ने बिल गेट्स से इस बात की शिकायत की है कि माइक्रोसॉफ्ट कंपनी में औरतों और लड़कियों की तादाद इतनी कम क्यों है। वह कंपनी के आला ओहदेदारों और मुलाज़मीन से मुलाक़ातें कर रही है और उसका जादू सबके सिर चढ़कर बोल रहा है। उसने बताया कि अमेरिका में वह दो चीज़ों को देखना चाहती थी—एक डिज़नीलैंड और एक बिल गेट्स। बिल गेट्स से वह मिल चुकी, अब डिज़नीलैंड की बारी है।

बारी अब सुना है लाहौर के बाद कराची की भी है, जिसे टाटा ग्रुप ने सेंटर फॉर एक्सीलेंस क़ायम करने के लिए चुना है। इस सेंटर में टाटा कंसल्टेंसी (टीसीएस) के माहेरीन (विशेषज्ञ) नौजवान पाकिस्तानियों को इंजीनियरिंग और कंप्यूटर साइंस के क्षेत्र में जदीद तरीन (आधुनिकतम) टेक्नोलॉजी की तालीम और तरबियत (प्रशिक्षण) देंगे।

24 जुलाई, 2005

धर्म के ठेकेदारों ने ज़िंदगी जहन्नुम बना दी

हिंदुस्तान और पकिस्तान कहने को दो ख़ुद-मुख़्तार (आत्मनिर्भर) मुल्क हैं, लेकिन यहाँ रहने वालों की मानसिकता और रवैये देखिए, तो ये एक-दूसरे से बहुत ही कम मुख़्तलिफ़ नज़र आएँगे। हमारे यहाँ मीरवाला की मुख़्ताराँ माई का क़िस्सा अख़बारों में छप रहा था। अब इसी तरह हिंदुस्तान के शहर मुज़फ़्फ़रनगर की इमराना का मामला भी लोगों को हैरान कर रहा है और उनकी हमदर्दियाँ इमराना के साथ हैं। बतौर ख़ास, हर घर की औरतें एक-दूसरे से पूछ रही हैं कि ये कैसे फ़तवे हैं, जो मजलूम (प्रताड़ित) औरत के साथ इंसाफ़ नहीं करते और ज़ालिम-मुजरिम मर्द के जुर्म पर परदा डालने की कोशिश करते हैं।

हिंदुस्तान के पूर्व अटॉर्नी जनरल सोली एस सोराबजी ने 'इंडियन एक्सप्रेस' में 'इमराना और फ़तवा' के नाम से जो मज़मून लिखा, वह यहाँ पाकिस्तान के कई अख़बारों में छपा और लोगों को बहुत पसंद आया। सच यह है कि इस्लाम और हिंदुत्व के झंडाबरदारों ने आम मुसलमान और हिंदू औरतों की ज़िंदगी जहन्नुम बना दी है। दुनिया के किसी भी मुल्क में मज़हब के नाम पर औरतों के साथ ऐसे जुल्म होते रहे, तो वह दिन भी आ सकता है कि जब औरतें ऐसे फ़तवों और रीति-रिवाज के खिलाफ़ उठ खड़ी हों।

पाकिस्तान में बहुत से लोग कहते हैं कि क़ानून को बहाना बनाकर ज़ाती (व्यक्तिगत) और ख़ानदानी दुश्मनियाँ निकाली जाती हैं या मज़हबी कट्टरपंथीपन का शैतानी चेहरा दिखाया जाता है।

सूबा सरहद के शहर नोशेहरा में छह बरस का यूसुफ़ मसीह अपने मालिक के कहने पर फटे-पुराने काग़ज़ात जला रहा था। गली के बच्चों ने शोर मचा दिया कि उसने कुरआन के सफ़्हे (पन्ने) जला दिए हैं। लीजिए साहब, दर्जनों बूढ़े-जवान, लाठियाँ-डंडे लेकर यूसुफ़ मसीह को जान से मारने के लिए पिल पड़े। बड़ी मुश्किल से उस क्रिश्चियन बच्चे की जान बचाई गई। लेकिन लोगों का गुस्सा ठंडा नहीं हुआ और उन्होंने सारा गुस्सा क़रीबी मंदिर पर निकाला। वहाँ लूटमार करने पहुँच गए। बहुत से हिंदू ख़ानदान जो मंदिर के आसपास रहते थे, अपनी जान बचाकर वहाँ से भागे। अब तक मंदिर पर हमला करने वाले तेरह शरपसंद (शरारती तत्त्व) गिरफ़्तार हो चुके हैं। मंदिर में जो तोड़फोड़ की गई थी, उसकी मरम्मत भी शुरू हो गई है। नोशेहरा में मज़हबी जुनून बहुत बढ़ा हुआ है।

1992 में बाबरी मस्जिद के वाक़ये के बाद इस मंदिर को नुक़सान पहुँचाया गया था और चंद महीने पहले भी यहाँ एक अफ़सोसनाक वाक़या हुआ है। मुझे 1992 के वे दिन याद हैं, जब बाबरी मस्जिद का बदला लेने के लिए कराची के सबसे बड़े मंदिर पर हमला हुआ था और वहाँ पढ़ने वाले नौजवानों का कोई खोज नहीं मिला था, जो हर हफ़्ते मेरे पास ऋग्वेद के श्लोकों के उर्दू तर्जुमे के लिए आते थे। फिर जब एक शाम झुटपुटे के वक़्त वे मेरे पास आए, तो उनके सिरों पर नमाज़ की टोपियाँ और चेहरे पर दाढ़ियाँ थीं। अयोध्या से अहमदाबाद और कराची से नोशेहरा तक, कट्टरपंथियों का एक ही चेहरा है, चाहे उनका नाम राम हो या रहीम।

गर्मी से बावले होकर लोग 'या रहीम, या करीम' का विर्द (जाप) करते हुए बरसात को याद कर रहे थे। बरसात आई और अब क्या लाहौर, नोशेहरा, डेरा इस्माइल खान और क्या पेशावर, हर तरफ जलथल है। सैकड़ों गाँव बह गए हैं। बहते हुए पानी में ढोर-डंगर और इंसानों की लाशें एक साथ बहती हुई नजर आती हैं। कराची वाले भी बारिश के इंतज़ार में हैं, लेकिन जानते हैं कि बारिश जब भी आई, गर्मी कुछ कम हो जाएगी, पर ज़िंदगी के अज़ाब (मुसीबतें) बढ़ जाएँगे।

अज़ाब तो इन दिनों उन लोगों की ज़िंदगी के बढ़े हुए हैं, जो इंटरनेट के ज़रिए सारी दुनिया से जुड़े हुए हैं। पाकिस्तान समंदर में बिछे हुए ऑप्टिक फ़ायबर के ज़रिए सारी दुनिया से जुड़ा हुआ था। 27 जून की शाम मैं अपने कंप्यूटर पर बैठ, जर्मनी की हाइडलबर्ग यूनिवर्सिटी की प्रोफेसर क्रिस्टीना ऑस्टरहेल्ड को ई-मेल कर रही थी कि अचानक सिलसिला टूट गया। मैं समझी कि अभी थोड़ी देर में सब ठीक हो जाएगा, लेकिन घंटे भर बाद मालूम हुआ कि *वे जो बेचते थे दवाए दर्दे दिल, वे दुकान अपनी बढ़ा गए।* इस वक़्त इंटरनेट सर्विस कभी थोड़ी देर के लिए काम करती है, कभी नहीं करती। 39 हज़ार किलोमीटर लंबे ऑप्टिक फायबर केबल के एक हिस्से में ख़राबी आई है। 92 कंपनियों का एक कंसोरशियम जो कराची के साहिली (तटीय) इलाक़े के साथ गुज़रने वाले केबल की देखभाल का ज़िम्मेदार है, उसके जहाज़ और इंजीनियर सब पहुँच चुके हैं। ढूँढ़ रहे हैं कि गड़बड़ कहाँ हुई है, लेकिन अभी तक कुछ खोज नहीं मिला।

वह गड़बड़ जिसके लिए कहा जा रहा था कि चंद घंटों में ठीक हो जाएगी, उसको अब हफ़्ता होने को आया। जो थोड़ा बहुत कारोबारे ज़िंदगी चल रहा है, उसके लिए सैटेलाइट का सहारा लिया गया है। सुना है, अब पाकिस्तान एक दूसरा ऑप्टिक फायबर केबल भी बिछाएगा। 3 जुलाई को सुबह-सवेरे दिल्ली से मशहूर पंजाबी अदीब अजीत कौर का फ़ोन आया, वह बता रही थीं कि ऑप्टिक फायबर एक हिंदुस्तानी इंजीनियर की ईजाद है, जिसकी उन्हें करोड़ों डॉलर रायल्टी मिलती है और अब वह अपने कल्चर को बढ़ावा दे रहे हैं। हम उनकी रॉयल्टी में इज़ाफ़े की दुआ करते हैं और इसकी भी कि हमारी इंटरनेट सर्विस जल्द बहाल हो।

10 जुलाई, 2005

नहीं बदले हिंदू नाम

यह सिर्फ़ नौ महीने पहले की बात है, जब मैं नीदरलैंड्स की एक मशहूर और मोअतबर तंज़ीम (विश्वसनीय संगठन) आईकेवी की दावत पर कश्मीर के बारे में होने वाली एक बेनुल अक़वामी (अंतरराष्ट्रीय) कान्फ्रेंस में शरीक हुई थी। यूरोपीय सिविल सोसायटी के लिए काम करने वाली इस तंज़ीम ने चार रोज़ा कान्फ्रेंस का अहतमाम किया था, जिसका उनवान (शीर्षक) 'तनाज़ा-ए-कश्मीर के हल में यूरोपीय सिविल सोसायटी का किरदार' था। इसमें हिंदुस्तान के मशहूर हफ़्त-रोज़ा (साप्ताहिक) 'इकोनॉमिक एंड पॉलिटिकल वीकली' के गौतम नौलखा भी शरीक़ हुए थे। वह कश्मीरियों के हुक़ूक़ (अधिकारों) के लिए इतने गरम लहजे में बोले थे कि अगर कोई उनका नाम न जानता होता, तो यही समझता कि कश्मीर की किसी इस्लामी तंज़ीम का जोशीला तक़रीर कर रहा है।

कान्फ्रेंस में एक फिल्म 'क्रॉसिंग द लाइंस : कश्मीर पाकिस्तान इंडिया' भी दिखाई गई थी। इस फिल्म पर गुफ़्तगू करते हुए मैंने कहा था कि हमें कश्मीर में हुक़ूक़-ए-इंसानी की ख़िलाफ़ वर्जियों (मानवाधिकार उल्लंघन) का मामला उठाते हुए कश्मीरी पंडितों और दूसरी अक़लियतों के हुक़ूक़ की बात भी करना चाहिए। मेरी इस बात पर कई पाकिस्तानी और कश्मीरी अफ़राद ने एतराज़ किया था। चंद दिनों पहले मुझे कराची में 'कश्मीर के मुस्तक़बिल' (भविष्य) पर होने वाले सिंपोज़ियम में शिरकत का मौक़ा मिला, जिसमें

पाकिस्तान का दौरा करने वाली 'हुर्रियत कान्फ्रेंस' के तमाम लीडर मौजूद थे। इस सिंपोज़ियम के दौरान मुझे नीदरलैंड्स में होने वाली यह कान्फ्रेंस बार-बार याद आई और यूँ महसूस हुआ, जैसे इस दरमियान नौ महीने नहीं, शायद नौ बरस गुज़र गए हैं।

अभी कुछ दिनों पहले तक 'ऑल पार्टीज़ हुर्रियत कान्फ्रेंस' सिर्फ़ रायशुमारी की बात करती थी। लेकिन मीर वाइज़ फारूक़ की बातें उन पाकिस्तानियों ने दिल थाम कर सुनीं, जो सालोसाल से 'कश्मीर बनेगा पाकिस्तान' के नारे लगाते रहे हैं। मीर वाइज़ ने कहा कि मुसल्लह (सशस्त्र) जद्दोजहद करने वाले अब हथियार फेंक दें। सियासी और जिहादी तंज़ीमें मिलकर बैठें और कश्मीर के मसले को हल करने का साझा तरीक़ा तय करें। उन्होंने इस सिलसिले में शिमाली (उत्तरी) आयरलैंड की मिसाल पेश की, जहाँ असकरियत पसंदों (लड़ाकों) ने सियासी हल की हिमायत (समर्थन) की।

उन्होंने वाज़ेह अलफ़ाज़ में कहा कि बात अब सलामती कौंसिल (सुरक्षा परिषद) को राय शुमारी के ज्ञापनों और ऑर्गनाइज़ेशन ऑफ़ इस्लामिक कंट्रीज़ की हमदर्दाना हिमायत (समर्थन) से आगे निकल गई है। मैं रियासत हाय मुत्तहिदा कश्मीर (संयुक्त कश्मीर) में रहना चाहता हूँ और हवाई जहाज़ में बैठकर वसती (मध्य) एशिया जाना चाहता हूँ जहाँ से मेरे क़दीम तहज़ीबी (प्राचीन सांस्कृतिक) रिश्ते हैं। उन्होंने कश्मीरियत की बात की और दो-टूक अल्फ़ाज़ में यह कहा कि कश्मीर के पंडित, जम्मू के हिंदू, लद्दाख के बुद्धिस्ट और कश्मीरी मुसलमान इस कश्मीरियत में बराबर के शरीक हैं। उनकी यह बात सुनकर मुझे नौ महीने पहले हुई नीदरलैंड्स की वह कान्फ्रेंस याद आई, जिसमें कश्मीर में रहने वाली दूसरी आबादियों के बारे में मेरी बात पर कई लोग एतराज़ कर रहे थे।

57 बरसों के दौरान बर्रे-सग़ीर (उपमहाद्वीप) को जिस तनाज़े (विवाद) ने चैन से नहीं बैठने दिया और हमारे वसाइल (संसाधन) हथियारों और जंगों पर ख़र्च होते रहे, उस तनाज़े के हल के लिए हिंदुस्तान और पाकिस्तान दोनों संजीदा हैं। यह कैसी ख़ुशी की बात है कि सियाचिन पर पहुँच कर हिंदुस्तानी वज़ीरे आज़म इसे 'कोह-ए-अमन'

(शांति-पर्वत) बनाने की बात कर रहे हैं। दोनों तरफ के लोगों की खुशहाली और ख़ुशी इसमें है कि अमन का यह कारवाँ आगे बढ़ता रहे और अपनी मंज़िल पर पहुँचे।

ख़ुशी की बात यह भी है कि कुछ दिनों पहले लाहौर सिटी गवर्नमेंट ने अख़बारों में जो इश्तिहार शाए किया था, वह वापस ले लिया है। सिटी गवर्नमेंट का इश्तिहार था कि लाहौर की जिन सड़कों या इदारों के नाम तक़सीम (बँटवारे) से पहले के मशहूर और मुमताज़ हिंदुओं के नाम पर रखे गए थे और अब तक ऐसे ही चले आ रहे हैं, उन्हें बदल कर मुसलमानों के नाम पर रख दिया जाए। एक ज़माने में लाहौर के नाम को बदलने की बात भी हुई थी, लेकिन इस पर इतना हंगामा हुआ कि यह बात करने वाले अपने मुँह छुपाते फिरे। इस बार भी पूरे मुल्क में इस तजवीज़ (प्रस्ताव) पर इतना शोर मचा कि लाहौर सिटी गवर्नमेंट को सरकारी तौर पर अपनी यह तजवीज़ वापस लेने का ऐलान करना पड़ा। इस ख़बर पर मुझे मंटो की एक बहुत मुख़्तसिर (छोटी) कहानी याद आई। नाम तो उस कहानी का जाने क्या था, पर शायद थी वह बँटवारे के ज़माने की। एक फ़िरक़े (वर्ग) ने एक जुलूस निकाला और सर गंगाराम की मूर्ति के गले में फटी हुई जूतियों का हार डाला। दूसरा फ़िरक़ा भी लाठी-डंडे लेकर पहले फ़िरक़े पर पिल पड़ा। दोनों तरफ़ से ख़ूब लाठी-डंडे चले। कई के सिर खुले, किसी का हाथ टूटा, किसी का पैर। ज़ख़्मियों को सर गंगाराम अस्पताल ले जाया गया। उनमें वह शख़्स भी था, जिसने गंगाराम जी के गले में जूतियों का हार डाला था। मंटो की यह कहानी क्या सुनाती है, इसे आप मुझसे ज़्यादा जानते हैं।

जानते तो आप महात्मा गाँधी के साथी ख़ान अब्दुल ग़फ़्फ़ार ख़ान को भी हैं, जो सुर्ख पोश (लाल वस्त्रधारी) गाँधी के नाम से मशहूर हैं और बर्रे-सग़ीर की तहरीक-ए-आज़ादी का एक बड़ा नाम हैं। उसी तरह दिलीप कुमार हैं, जो फिल्मी दुनिया में एक लीजेंड की हैसियत रखते हैं। हमारे इन दो बड़ों की मादरी ज़बान (मातृभाषा) पश्तो है, जो एक बड़ा इल्मी और अदबी ख़ज़ाना रखती है। उसकी मौसीक़ी भी आज से नहीं, सैकड़ों बरस से लोगों के दिलों को गरमाती

रही है, लेकिन इन दिनों पश्तो मौसीक़ी के बारे में बहुत-से सवाल उठ रहे हैं। बीबीसी ने भी इस बारे में एक ख़ुसूसी प्रोग्राम पेश किया है। अख़बारों में भी इस पर गुफ़्तगू हो रही है कि पश्तो मौसीक़ी अब तक रबाब, चितराली सितार, दफ़, बैन बाजा, सारंगी, बैंजो और ट्रंपेट जैसे सात साज़ों से मुरत्तिब (तैयार) की जाती रही है। सरदार अली टकर ने 1980 की दहाई में ग़नी ख़ान की पश्तो ग़ज़लों और नज़्मों को कुंदन लाल सहगल की तर्ज़ पर गाकर बड़ी शोहरत हासिल की थी, लेकिन अब पश्तो मौसीक़ी में री-मिक्सिंग और कंप्यूटराइज़्ड बीट्स का जो सैलाब आया है, उससे वह भी ख़ुश नहीं।

इसके बरक्स मग़रिबी मौसीक़ी और टेक्नोलॉजी को पश्तो मौसीक़ी में समाने वाले नये फ़नकारों का कहना है कि हमारे बड़े इसे पसंद करें या न करें, हमारे गीत बिक रहे हैं और पश्तो बोलने वाली नयी नस्ल में मक़बूल हो रहे हैं। यह दिलचस्प बहस क्या रंग इख़्तियार करेगी और इससे क्लासिकी पश्तो मौसीक़ी को क्या नुकसान पहुँचेगा, इस बारे में इसके सिवा क्या कहा जाए कि जब हवा का रुख़ बदल जाए तो दुनिया बदल जाती है। पश्तो मौसीक़ी भी एक नयी और बड़ी तब्दीली से दो-चार हो रही है।

19 जून, 2005

सुनामी से भारी निजकारी

श्रीलंका और हिंदुस्तान वाले 'सुनामी' के हाथों दहशतज़दा रहे, लेकिन इन दिनों पाकिस्तान में प्राइवेटाइज़ेशन की लहर आई हुई है। यह भी सुनामी से कुछ कम नहीं। हुकूमत जिस बैंक या इदारे (संस्थान) को चाहती है, प्राइवेट इदारों को बेच देती है। पाकिस्तान टेली कम्यूनिकेशन लिमिटेड एक ऐसा इदारा है जो सालाना अरबों रुपये कमाता है। अब हुकूमत ने उसे भी फ़रोख़्त कर देने का ऐलान कर दिया है। इसके ख़िलाफ़ पीटीसीएल की यूनियनों ने हड़ताल कर दी है और नौबत अब यहाँ तक आ पहुँची है कि फ़ौज पीटीसीएल की इंस्टालेशंस को अपने कंट्रोल में लेने के लिए तैयार हो चुकी है। जिस वक़्त यह सतरें (पंक्तियाँ) लिखी जा रही हैं, उस वक़्त टेलीफ़ोन के ज़रिए कहीं भी राबता (संपर्क) करना मुमकिन नहीं। लोग मोबाइल कंपनियों को दुआएँ दे रहे हैं, जिनकी वजह से बाहर की दुनिया से राबते मुमकिन हैं। अख़बारों और न्यूज़ एजेंसियों के लिए बहुत-सी मुश्किलात पैदा हो गई हैं। यूँ तो इस वक़्त भी कई बड़ी ट्रेड यूनियन मौजूद हैं और उनके लीडर निजीकरण के ख़िलाफ़ भाषण देते हैं, लेकिन इस वक़्त उनमें से कोई भी पीटीसीएल यूनियन का साथ देने आगे नहीं आया है। बात दरअसल यह है कि यहाँ सियासी हुकूमतों की ग़ैर मौजूदगी ने ट्रेड यूनियनों को बहुत कमज़ोर कर दिया है।

कमज़ोर तो मेहदी हसन भी दिखाई दे रहे थे। वह अभी चंद

दिनों पहले अपने इलाज के बाद हिंदुस्तान से वापस आए हैं। वहाँ उनका जिस तरह स्वागत हुआ और जिस मुहब्बत से उनका इलाज कराया गया, उसके लिए वह हिंदुस्तानियों के गुण गाते रहे। एक महान कलाकार के तौर पर वह हमारे बर्रे-सग़ीर (उप-महाद्वीप) का सरमाया (पूँजी) हैं।

बर्रे-सग़ीर के एक महान कलाकार सुनील दत्त भी थे, जो 'मदर इंडिया' में नरगिस के बेटे 'बिरजू' बने और फिर आग का दरिया पार करके नरगिस की ज़िंदगी में शामिल हो गए। उन्होंने सिर्फ़ अपनी अदाकारी से ही लोगों के दिल नहीं जीते, राजनीति के मैदान में भी उन्होंने नेकनामी कमाई। पाकिस्तान में उनकी और नरगिस की जोड़ी बहुत मकबूल (लोकप्रिय) थी। हमने नरगिस की रुख़सत का बहुत सोग मनाया था और अब सुनील दत्त को भी मुहब्बत से याद किया जा रहा है। लोगों को 'संजू बाबा' से गहरी हमदर्दी है। वह पहले माँ से महरूम हुआ, फिर उसने जेल की सख़्तियाँ झेलीं और अब बाप का साया सिर से उठ गया। संजय दत्त यूँ तो पाकिस्तान में शुरू से मक़बूल है, लेकिन 'मुन्नाभाई एमबीबीएस' के बाद तो लोग उसके दीवाने हैं। लड़के उसके डायलॉग बोलते हैं और क़हक़हे लगाते हैं। 'टेंशन लेने का नयी, देने का' पाकिस्तान में उसका सबसे ज़्यादा दुहराया जाने वाला डायलॉग है। संजू बाबा से बस यही कहा जा सकता है कि 'बहुत आगे गए, बाक़ी जो हैं तैयार बैठे हैं।'

बहुत आगे तो हमारा सबसे बड़ा कॉमेडियन 'रंगीला' भी चला गया। सुनील दत्त झेलम में पैदा हुए थे, मुंबई में उन्होंने प्राण त्यागे। रंगीला अफ़ग़ानिस्तान के शहर नंगरहार में पैदा हुआ और लाहौर में इस दुनिया से रुख़सत हुआ। वह रोज़ी की तलाश में पाकिस्तान आया था। उसने फिल्मों के साइन बोर्ड बनाए, बॉडीबिल्डर बना, फिल्मों में एक्स्ट्रा का काम किया, हीरो बना, फिल्में डायरेक्ट कीं। फिल्म 'गधा और इंसान' में गधे का किरदार अदा किया, जो इंसान के रूप में आ गया है और मंगू गधा के नाम से बुलाया जाता है। इस फिल्म में रंगीला ने मंगू गधे के रूप में क़यामत की अदाकारी की और ऐसे मुकालमे (संवाद) बोले कि वे लोग जिन्होंने इस फिल्म

को देखा है, उसे भुला नहीं सके। रंगीला का डायलॉग 'मैंने हांगकांग ने नलकों का पानी पिया है' बहुत मक़बूल हुआ। वह कई बरस से बीमार था। आख़िरी दिनों में हिंदुस्तान जाने की ख़्वाहिश रखता था। किसी ने पूछा कि वहाँ जाकर क्या करेंगे? कहने लगा कि हिंदुस्तान से लड़कर हमें कोई फ़ायदा नहीं हुआ। दुनिया में जंग अब सिर्फ़ कल्चर और सरमाए की होगी। मैं वज़ीरे आज़म मनमोहन सिंह से मिलकर कहूँगा कि अगर दोनों मुल्कों में दोस्ती करनी है, तो मेरी फिल्मों की हिंदुस्तान में नुमाइश की इजाज़त दे दें। पाकिस्तानी सियासत में वह ज़ुल्फ़िक़ार अली भुट्टो का आशिक़ था और उनकी फाँसी का दुख कभी उसके दिल से नहीं गया। साबिक़ वज़ीरे आज़म नवाज़ शरीफ से भी उसकी दोस्ती थी। ऐसी दोस्ती कि आख़िरी दिनों में उसका इलाज लाहौर के 'शरीफ़ मेडिकल सिटी' में हुआ और इंतक़ाल की ख़बर जद्दा पहुँची, तो मियाँ नवाज़ शरीफ़ ने फ़ौरन फ़ोन करके उसके घर वालों से ताज़ियत की और उसके दफ़न में पाकिस्तान मुस्लिम लीग (न) के बहुत से रहनुमा और कारकुन शरीक हुए।

रंगीला ने फिल्मों में बहुत से गाने भी गाए और उसके बेशतर (ज़्यादातर) गाने हिट हुए। उसके सबसे मक़बूल होने वाले गाने के बोल थे—'गा मेरे मनवा गाता जा रे, जाना है हमका दूर'। अब इस गीत के बोल रह गए हैं, इसको गाने वाला वाक़ई हमसे दूर चला गया है।

5 जून, 2005

फिर आग भड़कने की दहशत

कराची के गुलशन-ए-इक़बाल में जहाँ मेरा दफ्तर है, उसके ठीक सामने 'केएफसी' है, माफ़ कीजिए होता था। अब तो मेरे दफ्तर से बमुश्किल साठ-सत्तर गज़ के फ़ासले पर केएफसी की जली हुई लाश है। वहीं पर गली में एक इमामबाड़ा है। पीर की रात वहाँ खुदकुश (आत्मघाती) हमला हुआ, जिसके ज़ोरदार धमाके ने हम सबको दहला दिया। अभी लड़के और लड़कियाँ गिरते-पड़ते केएफसी से निकलकर पनाह की तलाश में भाग रहे थे कि चश्मदीद गवाहों के मुताबिक चंद नकाबपोशों ने निहायत महारत से केएफसी को आग लगा दी। छह नौजवान लड़के जो रेस्त्राँ में काम करते थे, अंदर फँसे रह गए। पुलिस खड़ी तमाशा देखती रही, लेकिन न फायर ब्रिगेड को आग बुझाने दी गई, न उन बदनसीबों को बाहर निकलने की इजाज़त मिली। वह छहों नौजवान मक्के के दोनों की तरह दहशतगर्दी की भाड़ में भून दिए गए। मैं 'दहशतगर्दी' और 'गुंडागर्दी' इसलिए लिख रही हूँ कि चंद दिनों पहले रावलपिंडी में बड़ी इमाम की दरगाह पर भी खुदकुश हमला हुआ था और उस वक़्त वहाँ लगभग साठ हज़ार अफ़राद मौजूद थे, लेकिन वे लोग दीवानों की तरह आसपास की इमारतों पर टूट नहीं पड़े थे, उन्हें आग नहीं लगाई थी।

कराची को एक सोची-समझी स्कीम के तहत एक बार फिर से आग और खून के समंदर में धकेला जा रहा है। हम सब आने वाले दिनों के ख़ौफ़ से लरज़ रहे हैं, इसलिए कि सिर्फ़ चंद बरस

पहले हमने नफ़रत, दीवानगी और दहशत का वह दौर देखा है, जिसमें दिनों नहीं, हफ़्तों क़र्फ्यू का समाँ रहता था। मरीज़ दवाओं को तरसते हुए ख़त्म हो जाते थे और मुर्दे दफ़न नहीं किए जा सकते थे। पीर की रात को इस सानिहे (दुर्घटना) के बाद मंगल और बुध को कराची में जिस दहशत का राज था, यह उसी का नतीजा था कि मेरी बुआ, जिसकी गोद में सिर्फ़ मैं ही नहीं, मेरे बच्चे भी पले-बढ़े वह मेरी अम्मी के साथ हिंदुस्तान से आई थीं। बुआ मंगल के दिन ख़त्म हुई, तो हम उसे बमुश्किल घर से सर्दख़ाने तक पहुँचा सके और दो दिन बाद उसे दफ़न कर सके। शहरों में जब पागलपन फैलाया जाए, शहर और मुल्क जब मज़हबी फिरकावाराना (धार्मिक सांप्रदायिकता), लिसानी (भाषाई) और नस्ली बुनियादों पर तक़सीम (विभाजित) कर दिए जाएँ, तो सड़कों पर हैवानों का राज होता है। 1947 से अब तक दोनों मुल्कों में एक नहीं, कई बार हैवानों ने राज किया है और इंसान कहीं घुटनों में सिर छुपा कर रोता रहा है।

फ़रीदा ख़ानम के बारे में सब जानते हैं। जिस तरह मेहदी हसन ग़ज़ल गायकी के बादशाह हैं, उसी तरह फ़रीदा ख़ानम मलिका-ए-ग़ज़ल कहलाती हैं। चंद दिनों पहले उन्होंने पाकिस्तान टेलीविज़न के एक ख़ास प्रोग्राम में बताया कि उनका नाम आग़ा हश्र काश्मीरी ने रखा था। आग़ा हश्र के एक ड्रामे 'औरत का प्यार' में एक किरदार का नाम 'फ़रीदा' था। यह नाम आग़ा साहब को इस क़दर पसंद था कि यही नाम उन्होंने फ़रीदा को दे दिया और आज वह 'फ़रीदा ख़ानम' के नाम से दिलों पर राज करती हैं। उन्होंने अतहर नफ़ीस की ग़ज़ल 'वह इश्क़ जो हम से रूठ गया, अब उसका हाल सुनाएँ क्या' 1964 में गाई थी, लेकिन आज 41 बरस बाद भी लोग उसे सुनते हैं, तो दिल थाम लेते हैं। इस इंटरव्यू में फ़रीदा ख़ानम ने बताया कि बचपन में उन्हें गुड़ियों से इश्क़ था, सो उनके लिए सुनहरे बालों वाली गुड़ियाँ कलकत्ते से आती थीं। उनका ऑडिशन रेडियो पाकिस्तान के स्टेशन डायरेक्टर ज़ेडए बुख़ारी ने लिया था। उन्होंने रेडियो पर पहली ग़ज़ल गाई, तो उसका मुआवज़ा उन्हें

तीस रुपये मिला, जिसकी उन्होंने तमाम आर्टिस्टों को मिठाई खिला दी। फ़रीदा ख़ानम जैसी मीठी और पुरसोज़ (दर्द भरी) आवाज़ रखने वाले कम-कम पैदा होते हैं। यह वक़्त का करम है कि वह हमारे दरमियान मौजूद हैं और उनकी रसीली आवाज़ हमारे दिल मोह लेती है।

12 जून, 2005

लड़कियों की तालीम पर बम

आपको इस बात पर शायद यक़ीन न आए कि पाकिस्तान में कुछ लोग लड़कियों की तालीम के इस क़दर ख़िलाफ़ हैं कि वह इनके लिए बनाए जाने वाले स्कूलों को बम से उड़ा रहे हैं। यह लोग लड़कियों की तालीम से ख़ौफ़ज़दा हैं। पाकिस्तान के शिमाली (उत्तरी) इलाक़ों में बाजोड़ एजेंसी से 16 मई को यह इत्तिला आई कि लड़कियों के दो स्कूल बम से उड़ा दिए गए। इससे पहले एक कम्युनिटी स्कूल को उड़ाया जा चुका है। कम्युनिटी स्कूल चलाने वाले बहुत से लोगों को धमकियाँ मिल रही हैं। बहुत से लोगों ने अपनी बच्चियों को स्कूलों से निकाल लिया है। एक तरफ़ यह हो रहा है, दूसरी तरफ़ सूबा सरहद के चीफ़ मिनिस्टर यह कह रहे हैं कि वह सूबे के हर फ़र्द (व्यक्ति) को तालीमयाफ़्ता देखना चाहते हैं। इसीलिए इस साल के बजट में तालीम के लिए 100 फ़ीसद रक़म का इज़ाफ़ा किया जा रहा है। शायद 'फ़र्द' से उनकी मुराद 'मर्द' है। याद रहे कि सरहद के वज़ीरे आला साहब मुल्क की मज़हबी सियासी तंज़ीम (संगठन) एमएमए से ताल्लुक रखते हैं। सूबे में एमएमए की हुकूमत है, जो हर रोज़ लड़कियों और औरतों के साथ किसी-न-किसी क़िस्म का इम्तियाज़ी सुलूक (पक्षपातपूर्ण व्यवहार) करती है।

इम्तियाज़ी सुलूक तो कराची के साथ बरसों से बरता जा रहा है। हुकूमत न यहाँ बैनुल अक़वासी (अंतरराष्ट्रीय) शख़्सियतों को आने के लिए इजाज़त देती है, न बड़े इवेंट्स होते हैं। कहा यह

जाता है कि यहाँ दहशतगर्दों से ख़तरा है। यूँ महसूस होता है, जैसे पाकिस्तान भर के दहशतगर्द सिमट कर कराची में इकट्ठा हो गए हैं। एक ऐसे आलम में यह ऐलान ख़ुशी का सबब बना कि इस्लामाबाद और लाहौर के बाद, कराची में भी यूरोपीय डॉक्यूमेंटरी फिल्म फेस्टिवल होगा। इस फेस्टिवल में इटली, हंगरी, बिरतानिया, फ्रांस, जर्मनी और नीदरलैंड्स की फिल्में दिखाई जाने वाली हैं।

लोगों को सबसे ज़्यादा दिलचस्पी नीदरलैंड्स की 'डच लाइट' में है। यह डॉक्यूमेंटरी फिल्म उस पुरानी रिवायत (परंपरा) के बारे में है कि हालैंड (नीदरलैंड्स) की रोशनी तमाम दुनिया की रोशनी से मुख़्तलिफ़ है। वह बात सबसे पहले डच आर्टिस्टों ने कही थी। उनका कहना था कि हमने अपने वतन की रोशनी को अपनी ऑइल पेंटिंग्स में पेश किया है। इस फिल्म में यह दिखाया गया है कि डच रोशनी लोगों पर किस तरह जादू कर देती है। इस बात में कितना सच है, इसका अंदाज़ा तो फिल्म देखने के बाद होगा, लेकिन यह ज़रूर सच है कि पाकिस्तान की मार्केट पर टेलीकॉम कंपनियों ने जादू कर दिया है। एक ग़रीब मुल्क में मोबाइल फ़ोन इस्तेमाल करने वालों की तादाद अगर एक करोड़ को छूने वाली हो, तो और क्या कहा जाएगा।

अब एक और नयी टेलीकॉम कंपनी ने मुल्क के 28 शहरों में काम शुरू किया है। जिन जगहों पर इस नयी मोबाइल कंपनी के कनेक्शन फ़रोख़्त हो रहे हैं, वहाँ लोगों के ठट-के-ठट लगे हुए हैं। यूँ महसूस हो रहा है, जैसे कनेक्शन मुफ्त मिल रहे हों। अख़बार वालों की चाँदी हो गई है। इसलिए कि हर अख़बार में पूरे सफ्हों के रंगीन इश्तिहार छपे रहे हैं। रात को जितनी देर चाहे बातें कीजिए, और धेला न दीजिए। माँ-बाप सिर पकड़े बैठे हैं। इम्तिहान का ज़माना है और औलाद फ़िज़िक्स, केमिस्ट्री या इंग्लिश पढ़ने की बजाए, मोबाइल पर इश्क़ का सबक़ याद कर रही है।

सबक़ तो उन लोगों को भी मिल गया है, जो ग़लत तरीक़ों से यूरोप या अमेरिका का रुख करते हैं। दुनिया भर से डिपोर्ट होने वाले पाकिस्तानियों की तादाद 42 हज़ार सालाना तक पहुँच गई है।

इस तादाद में हर साल इज़ाफ़ा हो रहा है। यह इस बात का इशारा है कि ग़ैर-हुनरमंद और कम पढ़े-लिखे नौजवानों को मुल्क में अपना मुस्तक़बिल (भविष्य) नज़र नहीं आता। इसलिए वह माँ का ज़ेवर और घर या खेत बेचकर लाखों की रक़म उन एजेंटों के हवाले कर देते हैं, जो उन्हें बाहर के मुल्कों में अच्छी मुलाज़िमतों का झाँसा देते हैं। इनमें से कुछ जाली काग़ज़ात पर तुर्की, यूरोप या अमेरिका पहुँचने में कामयाब हो जाते हैं, लेकिन बेशतर (ज़्यादातर) पकड़े जाते हैं। ऐसे लोग पहले दूसरे मुल्कों में जेल काटते हैं और फिर वापस पाकिस्तान भेज दिए जाते हैं।

मुंबई से लाहौर वापस मीरा भी पहुँच गई हैं, लेकिन अभी तक कोई सहाफ़ी (पत्रकार) उनसे राबिता (संपर्क) न कर सका है। पाकिस्तान में कहा यह जा रहा है कि उनकी फिल्म 'नज़र' हिंदुस्तान में बॉक्स ऑफिस पर ज़्यादा कामयाब नहीं हुई है और देखने वाले उसके बारे में मिले-जुले रुझान का इज़हार कर रहे हैं। यह भी सुनने में आया है कि पाकिस्तानी फिल्मस्टार मीरा जिन्होंने इन दिनों हर तरफ़ तहलका मचा रखा है, उनकी आइंदा फिल्म 'उमराव जान अदा' होगी। रेखा के बाद कोई फिल्मस्टार 'उमराव' का किरदार अदा करने की हिम्मत करती है, तो उसकी बहादुरी की दाद तो देनी ही चाहिए। दाद तो हालिया (वर्तमान के) सियासतदान साबिक़ा (पूर्व) क्रिकेट खिलाड़ी और जमाइमा के साबिक़ शौहर इमरान ख़ान को भी मिलना चाहिए, जिन्होंने जमाइमा से शादी और अलाहदगी (अलग होना) के बाद इतने दिनों सब्र से काम लिया, लेकिन अब एक मग़रिबी (पश्चिमी) हसीना के साथ नज़र आ रहे हैं। यह नहीं मालूम कि वह हसीना भी जमाइमा की तरह इस्लाम क़ुबूल करके इमरान ख़ान से निकाह पढ़वाएगी या मामला सीता वाइट जैसा होगा।

29 मई, 2005

काश! यह मन्नत पूरी हो जाए

आपने क़िस्से-कहानियों में पढ़ा होगा, मुहावरों में सुना होगा कि झगड़ा-फ़साद कराना औरतों का पसंदीदा काम है, लेकिन अगर आपने 13 मई की रात वॉशिंगटन से नश्र होने वाला 'वाइस ऑफ़ अमेरिका' का प्रोग्राम 'आपकी दुनिया' सुना हो, तो यही कहा होगा कि औरतों के बारे में झगड़ा कराने की बात उनके दुश्मनों ने उड़ाई है। उस रात एक घंटे की कान्फ्रेंस नश्र हुई, जिसमें उर्दू सर्विस की सफ़िया काज़िम और हिंदी सर्विस की रश्मि शुक्ला हमसे यह पूछ रही थीं कि दोनों मुल्कों के बीच अमन और शांति क़ायम करने की कोशिशों में औरतों का क्या हिस्सा है? निर्मला देशपांडे जिन्हें हम सब दीदी कहते हैं, लगभग दस बरस से इसी काम में जुटी हुई हैं। पाकिस्तान और हिंदुस्तान में अमन के लिए काम करने वालों को 'गोली नहीं, बोली' का नारा उन्हीं ने दिया है। दीदी ने बतौर ख़ास 2004 का ज़िक्र किया, जब वह हिंदू, मुसलमान, सिख, ईसाई, बहाई, जैनी और बुद्धिस्ट औरतों का अमन कारवाँ लेकर क़ुसूर में पंजाबी के मशहूर सूफ़ी शायर बुल्ले शाह के उर्स में शरीक होने के लिए गई थीं और उन सबका बेमिसाल इस्तक़बाल हुआ था।

इसी तरह डब्ल्यूआईपीएसए की फाउंडर मेंबर डॉक्टर मोहिनी गिरी की बातें हमने सुनीं। कारगिल के फौरन बाद इंतहाई तनाव के दिनों में उन्होंने 41 औरतों को लेकर बस से लाहौर और इस्लामाबाद का दौरा करने की हिम्मत की थी। लोगों का ख़्याल

था कि उनका स्वागत डंडों और पत्थरों से होगा, लेकिन उनका स्वागत फूलों और मुहब्बत से किया गया। शिवानी भारद्वाज, पीम राजपूत और नादिरा बब्बर ने भी दोनों मुल्कों के दरमियान अमन क़ायम करने की कोशिशों के बारे में बताया।

पाकिस्तान से अनीस हारून, अजूका थिएटर की मदीहा गौहर, शौकत, फ़र्रुख और मैं इस बातचीत में अपनी कहानी सुनाते रहे। मदीहा गौहर ने अपने मशहूर स्टेज ड्रामे 'एक थी नानी' के बारे में बताया, जिसमें 93 बरस की ज़ोहरा सहगल और 88 बरस की अज़रा बट ने अदाकारी की थी। यह हिंदुस्तान और पाकिस्तान में बँटी हुई दो बहनों का क़िस्सा है, जिसे दोनों मुल्कों में बहुत पसंद किया गया। मदीहा कहने लगीं कि दोनों मुल्कों के लोगों को एक-दूसरे से जोड़ने के लिए हम 16 बरस से काम कर रहे हैं, लेकिन शुरू में हमें पाकिस्तान में बुरा-भला कहा जाता था। मेरा कहना था कि अब तो दोनों तरफ़ की सरकार दोस्ती की बात करती है, वरना 1979 में जब हम बारह-पंद्रह लोगों ने 'पाक-हिंद प्रेम सभा' बनाई, अमन और दोस्ती की बात करने के लिए जलसा किया और उसमें उस वक्त के इंडियन कौंसिल जनरल मणिशंकर अय्यर को चीफ गेस्ट बनाया तो हम ग़द्दार और रॉ के एजेंट कहे गए।

मुझे मई, 2000 का वह सफ़र याद आया, जब आसिमा जहाँगीर, हिना जीलानी और मैं लाहौर से 60 औरतों को बस में साथ लेकर दिल्ली, आगरा, जयपुर और अजमेर के सफ़र पर निकले थे। हज़रत सलीम चिश्ती की मज़ार पर हाज़िर हुए, तो आसिमा जहाँगीर ने सब्ज़ मखमल की और फूलों की चादर हज़रत की क़ब्र पर चढ़ाई और मज़ार के व्यवस्थापक ने मुझसे दुआ कराने को कहा। तब मैंने ब-आवाज़ बुलंद दुआ कराते हुए यही कहा था कि हज़रत आपके दरवाज़े पर महाबली अकबर और महारानी जोधाबाई, बेटे की आरज़ू लेकर आए थे और उनकी मुराद पूरी हुई थी। हम आपके मज़ार पर दोनों मुल्कों के दरमियान अमन, शांति और मेल-मिलाप की मन्नत माँगने आए हैं। उस वक़्त हम सबकी आँखों में आँसू थे। इसलिए कि उस वक़्त फ़िज़ा में कारगिल से उठने वाली ख़ून

और बारूद की बू थी और यह एक नामुमकिन-सा ख़्वाब लगता था। यह ख़्वाब दोनों तरफ़ के मर्दों और औरतों ने देखा है। 26 बरस पहले पाक-हिंद प्रेम सभा के प्लेटफॉर्म से यह बात नामुमकिन लगती थी। आज ये दुआओं, मन्नतों, आरज़ुओं और कोशिशों के नतीजे में मुमकिन होती नज़र आ रही है। काश! यह मन्नत पूरी हो जाए।

इन कोशिशों में गुज़िश्ता सात-आठ बरस से आसिमा जहाँगीर का एक अहम किरदार है, लेकिन आसिमा 'वाइस ऑफ़ अमेरिका' के प्रोग्राम में शरीक नहीं थीं। वजह? उसी रोज़ 'ह्यूमन राइट्स कमीशन आफ़ पाकिस्तान' और 'ज्वाइंट एक्शन कमेटी फॉर प्यूपिल राइट्स' ने लाहौर के क़ज़्ज़ाफ़ी स्टेडियम से एक जुलूस निकालने का प्रोग्राम बनाया था। आसिमा जहाँगीर और उनके दूसरे साथी प्रोग्राम के मुताबिक क़ज़्ज़ाफ़ी स्टेडियम जाने और मिनी मैराथन में शरीक होने के लिए निकले, तो पुलिस डंडे-लांठियाँ लेकर उन पर टूट पड़ी। पुलिस का कहना था कि ये लोग औरतों पर होने वाले ज़ुल्म की और समाज में लिबरलिज़्म की बात क्यों करते हैं? जुलूस क्यों निकालते हैं? वहाँ मौजूद औरतों और मर्दों की डंडों से धुनाई के बाद पुलिस ने 40 से ज़्यादा औरतों और मर्दों को डंडा-डोली करके ट्रकों में डाला और थाने ले गई। आसिमा जहाँगीर और हिना जीलानी 'वाइस ऑफ़ अमेरिका' की इस 'राउंड टेबल कान्फ्रेंस' में भला क्या शरीक होतीं, जिस वक़्त वह प्रोग्राम नश्र हो रहा था, उस वक्त ये दोनों बहनें अपने ज़ख़्म गिन रही थीं।

22 मई, 2005

प्रेस की आज़ादी और माँ का दिन

दुनिया भर में 2 मई, आज़ादी-ए-सहाफ़त के दिन (प्रेस फ्रीडम डे) के तौर पर मनाया जाता है। इस्लामाबाद में सहाफ़ियों ने एक जुलूस निकाला। इसमें शामिल सहाफ़ियों की 'मरम्मत' जिस तरह हुई उसकी तफ़सील, ख़बरों से ज़्यादा रंगीन तस्वीरों के ज़रिए सामने आई। जिन साहब को टाई से पकड़ कर घसीटा गया था, उन्होंने रुँधी हुई आवाज़ में अपनी टाई की 'बे-हुरमती' (अपमान) की दास्तान सुनाई, तो किसी ने उन्हें दिलासा देते हुए कहा कि भैया पुलिस वाले भी क्या करें? पहले गिरेबाँ पर हाथ डालते थे, अब तुम गिरेबान के सारे बटन लगाकर और टाई बाँध कर जाओगे, तो आख़िर वह उसी पर हाथ डालेंगे। गिरेबान नहीं तो टाई सही। इस तस्वीर में एक नौजवान सहाफ़ी को एक पुलिस वाला कमर से पकड़कर घसीट रहा था, तो दूसरा उसकी एक टाँग निकालकर साथ ले जाने की कोशिश में मसरूफ़ था। सहाफ़ियों की इस 'सरकारी दावत' के बाद कराची, लाहौर और बअज़ दूसरे शहरों में उन्होंने विरोध स्वरूप जुलूस निकाले, तो उनके साथ वह सुलूक हुआ, तो लठबंद देहाती, डाकुओं के साथ करते हैं। पत्रकार संगठनों ने काला दिवस मनाया। विरोध में जलसे किए और असेंबली के इजलास से वाक-आउट किया। लेकिन आख़िरकार नतीजा वही निकला। सहाफ़ी, जो रूठे सैयाँ बने हुए थे, सरकारी मुस्लिम लीग के कर्ता-धर्ता चौधरी शुजाअत उन्हें मनाने में कामयाब हो गए और आज़ादी-ए-सहाफ़त सिर झुकाए अपने नसीबों को रोती है।

अपने नसीबों पर लाहौर की मुग़ल यादगारें भी रोती हैं, जो हमारी ऐतिहासिक व सांस्कृतिक धरोहर हैं। लाहौर का शाही क़िला, शालीमार बाग़ और जहाँगीर का मक़बरा 1960 से अब तक कभी केंद्रीय और कभी सूबाई सरकार की नज़्र-ए-करम का शिकार हैं। 60 की दहाई में जहाँगीर के मक़बरे में 'लाइट एंड साउंड' प्रोग्राम शुरू हुआ, जिसके लिए कहीं खंबे गाड़े गए, कहीं बिजली के तार लगाने के लिए चार सौ बरस पुराने संगमरमर की दीवारों पर बड़ी-बड़ी कीलें ठोंकी गईं और कहीं माइक्रोफोन लटकाए गए। संगमरमर की दीवारें जगह-जगह से तड़क गईं। 70 की दहाई में ज़ुल्फ़िक़ार अली भुट्टो ने लाहौर के शीश महल में दुनिया भर के मुसलमान हुक्मरानों की शानदार दावत की। दावत के लिए जो खाने पके, उसके लिए संगमरमर के फ़र्श पर 20 अलाव जले, जिनके सियाह दाग़ आज तक न गए।

इन मुग़ल आसार को देखने के लिए कभी इंग्लिस्तान की मलिका एलिज़ाबेथ आईं और कभी प्रिंस करीम आग़ा ख़ान। कभी एक की दावत हुई और कभी दूसरे की। हर मर्तबा शामियानों के लिए दो-दो फीट लंबी मेख़ें (कीलें) संगमरमर की दीवारों और फ़र्श पर ठोंकी गईं। हर मर्तबा पकने वाले खाने के धुएँ ने दीवारों, फ़र्श और छत को बर्बाद किया। रही-सही कसर पूरी करने के लिए अब यहाँ 'अनारकली' ड्रामा स्टेज किया जा रहा है। महाबली अकबर ने अनारकली को दीवार में ज़िंदा चुनवाया था, हमारे यहाँ जहाँगीर और शाहजहाँ की यादगारों का गला घोंटा जा रहा है। यूँ चार सौ बरस पुराना हिसाब बराबर हो रहा है।

यूँ तो हमारे मुल्क में औरतों से हमेशा हिसाब-किताब बराबर किया जाता है, लेकिन इन दिनों औरतों पर मर्दों की नज़्र-ए-करम कुछ ज़्यादा है। रोज़ाना कराची, लाहौर या किसी दूसरे शहर से यह ख़बर आती है कि फ़लाँ शख़्स ने संदेह की वजह से न सिर्फ़ बीवी का कत्ल किया बल्कि दो, तीन या चार बच्चे भी काट डाले। हफ़्ता भर पहले एक शख़्स ने निहायत सुकून से अपनी बीवी और दो बच्चियों को ज़िबह कर दिया। उससे जब इसकी वजह पूछी गई, तो जवाब

मिला कि वैसे तो मेरी बीवी और बच्चियाँ नमाज़ पढ़ती थीं, रोज़े रखती थीं, लेकिन मेरे मना करने के बावजूद टेलीविज़न देखने से बाज़ नहीं आती थीं। जबकि मेरे पीर का कहना है कि टेलीविज़न शैतानी चरख़ा है, उसे देखने वाले जहन्नुम में जाएँगे। मेरी बीवी ग़लत औरत थी, तभी टी.वी. देखती थी। मेरी बेटियाँ भी मेरी नहीं होंगी, अगर होतीं तो मेरी बात ज़रूर मानतीं। इसीलिए मैंने तीनों को अल्लाह की राह में क़त्ल कर दिया। उस शख़्स को अफ़सोस इसका है कि एक बेटी बच गई, क्योंकि वह भागकर छुप गई थी।

बारह-पंद्रह बरस पहले एक कम उम्र नौजवान ने अपनी माँ और तीन बहनों को इसलिए गोली मार दी थी कि माँ और बहनें बुर्क़ा नहीं पहनती थीं। उस नौजवान के मुताबिक़ उन्हें क़त्ल करके उसने उन्हें जहन्नुम की आग से बचा लिया था। उस ज़माने में इस वाकिए की अरसे तक दहशत फैली रही थी, लेकिन अब ऐसे ख़ौफ़नाक वाक़िआत हमारे यहाँ रोज़ाना की बात हो गए हैं। इसकी एक बड़ी वजह समाज में तेज़ी से फैलती हुई इंतिहा पसंदी (अतिवादिता), ग़रीबी और दोहरे मापदंड हैं।

इस मर्तबा 8 मई को हमारे यहाँ मदर्स-डे मनाया गया। मुझे वह मुग़ल बादशाह और राजपूत राजे-महाराजे याद आए, जो माँ का दिन तो नहीं मनाते थे, लेकिन अपनी माँओं का इस हद तक सम्मान करते थे कि भरे दरबार के सामने उनके पैर छूते थे और अगर वह घोड़े पर सवार हों तो लगाम थामकर दूर तक उनके साथ चलते थे। अब मदर्स-डे पर मल्टीनेशनल कंपनियों का क़ब्ज़ा है, इसलिए बड़े शहरों और .ख़ुशहाल घरानों में यह दिन मनाना, मम्मी को तोहफे देना या इस रोज़ मम्मी को किसी बड़े होटल में खाना खिलाना स्टेटस सिंबल हो गया है। इस मर्तबा अगर आप ने यह दिन नहीं मनाया है, तो अगले बरस न भूलिएगा वरना आपके स्टेटस का धड़न तख़्ता हो जाएगा।

15 मई, 2005

नौजवान नहीं थी अनारकली!

पाकिस्तानी औरतों को खुशियाँ ज़रा कम मिलती हैं, और जब मिल जाएँ, तो बहुत .खुशी होती है। इस हफ़्ते सबसे अच्छी ख़बर तो यह मिली कि हमारे यहाँ ऑक्सफोर्ड यूनिवर्सिटी प्रेस की कंट्री डायरेक्टर अमीना सैयद को 'आर्डर ऑफ़ दि ब्रिटिश एंपायर' मिला है। अमीना सैयद ने आज से बरसों पहले जब ओयूपी का चार्ज सँभाला था, तो उसका छोटा-सा किराए का ऑफिस था और बहुत कम लोग उसे जानते थे, लेकिन गुज़रे हुए बीस बरसों में यह इदारा (संस्था) अँग्रेज़ी की सैकड़ों किताबें छाप चुका है और इसकी गिनती पाकिस्तान के बहुत बड़े और बाविक़ार (प्रतिष्ठित) पब्लिशिंग हाउस के तौर पर होता है। इसी हफ़्ते इसकी पाँच मंज़िला शानदार और बहुत बड़ी इमारत का उद्घाटन हुआ। इस इमारत को राजस्थान से पाकिस्तान आने वाले कारीगरों ने बनाया है और यह तर्ज़े-तामीर (स्थापत्य) का एक दिल लुभाने वाला नमूना है। अमीना सैयद का एक हवाला यह भी है कि वह हिंदुस्तान में उर्दू की सबसे बड़ी अफ़साना निगार कुर्रतुल ऐन हैदर की करीब़ी रिश्तेदार हैं।

लखनऊ की हाजरा मसरूर, कुर्रतुल ऐन हैदर की बँटवारे से पहले की सखी-सहेली हैं। यह एक मशहूर अफ़साना निगार हैं और इन्हें क़तर की 'अंजुमन फ़रोग़ ए अदब' ने लाइफ टाइम अचीवमेंट अवार्ड देने का ऐलान किया है। यह एक बड़ा और बाविक़ार अवार्ड है, जो इससे पहले भी उर्दू के कई अदीबों (लेखकों) को मिल चुका

है। हम औरतों के लिए ये दोनों ख़बरें दिल बढ़ाने का सबब हैं।

हम में से कौन है, जिसे के. आसिफ़ की 'मुग़ले आज़म' याद नहीं। यह फिल्म उस वक़्त रिलीज़ हुई थी, जब पाकिस्तान में हिंदुस्तानी फिल्मों की नुमाइश पर पाबंदी लग चुकी थी। पृथ्वीराज, मधुबाला और दिलीप कुमार के आशिक़ों में इस ख़बर पर सफ़-ए-मातम (दुख की लहर) बिछ गई थी कि वह 'मुग़ले आज़म' नहीं देख सकेंगे। सैकड़ों लोग वीज़ा लेकर अमृतसर गए और उसके बाद जब वीडियो कैसेट्स का दौर शुरू हुआ, तो 'मुग़ले आज़म' वीसीआर पर देखी जाने वाली हिंदुस्तानी फिल्मों में पहले नंबर पर थी। लता के गाए हुए गीत, पृथ्वीराज के मुकालमे (डायलॉग) लोगों को आज भी ज़बानी याद हैं। पिछले दिनों पाकिस्तान के एक टी.वी. चैनल पर 'अनारकली' का सीरियल चला, लेकिन कामयाब न हो सका। इन दिनों यहाँ 1608 में लाहौर आने वाले ब्रिटिश सैयाह (पर्यटक) विलियम फियांच के हवाले से यह बहस जोरों पर है कि अनारकली कोई नौजवान और नौख़ेज (नवयौवना) रक़्क़ासा (नर्तकी) नहीं थी, जिसे शहज़ादा सलीम दिल दे बैठा था। उस सैयाह के कहने के मुताबिक़ वह मुग़ल शहंशाह अकबर के ज़ाती (निजी) हरम में से थी, उम्र में शहज़ादा सलीम से बड़ी और उसके सौतेले भाई दानियाल की माँ थी। शहज़ादे और अनारकली का इश्क़ 'मुग़ले आज़म' के लिए नाक़ाबिले बरदाश्त था और उस नाक़ाबिल जुर्म के सबब, वह ज़िंदा दीवार में चुनवाई गई। हो सकता है इन दिनों यह बहस हिंदुस्तान में भी चल रही हो, जहाँ 'मुग़ले आज़म' का रंगीन प्रिंट जारी हुआ है और दोनों मुल्कों में मक़बूल हो रहा है। इन दिनों पाकिस्तान के अँग्रेज़ी अख़बारों में यह बहस जोरों से चल रही है कि पंजाबी को उसका जायज़ मुकाम क्यों न मिले? पाकिस्तान में पंजाबी चूँकि उर्दू स्क्रिप्ट में लिखी जाती है और गुरमुखी का रिवाज पाना यहाँ मुश्किल है, इसलिए बहुत से पंजाबी दानिशवर (बुद्धिजीवी) यह कहते सुनाई देते हैं कि पंजाबी ज़बान को लिखने और उसे गुरमुखी स्क्रिप्ट से अलग रखने के लिए पाकिस्तानी पंजाबियों को रोमन स्क्रिप्ट अपना लेना चाहिए। उनका कहना है कि इस तरह यूरोप-अमेरिका में रहने वाले पंजाबियों की

नयी नस्ल भी आसानी से पंजाबी को इख़्तियार कर लेगी। इसी तरह यह तजवीज़ (प्रस्ताव) उर्दू के लिए भी पेश की जा रही है कि उसे रोमन स्क्रिप्ट में लिखा जाए। हमारे यहाँ यह तजवीज़ सबसे पहले एक डिक्टेटर जनरल अय्यूब खाँ के ज़माने में सुनी गई थी। अब यह दोबारा इस्लामाबाद में होने वाली आलमी उर्दू कान्फ्रेंस के दौरान सामने आई है, जिसे एक टेलीविज़न चैनल से भरपूर अंदाज़ में नश्र किया गया। हिंदुस्तान में यह बात इस्मत चुग़ताई ने कही थी, तो हमारे यहाँ उन्हें बहुत बुरा-भला कहा गया था। अब ज़्यादातर लोग इस तजवीज़ पर चुप हैं।

मेरी समझ में यह नहीं आता कि अगर उर्दू के लिए रोमन स्क्रिप्ट इतना ज़रूरी है, तो क्यों न उर्दू वाले देवनागरी लिपि सीख लें। आख़िर तो उर्दू हिंदी की बहन है। यूँ भी हिंदुस्तानी हुकूमत दुनिया भर के दारुलहुकूमतों (राजधानियों) में यह मुहिम चलाने वाली है कि संयुक्त राष्ट्र संघ की छह सरकारी ज़बानों में हिंदी का भी इज़ाफ़ा किया जाए। अगर ऐसा हो जाता है, तो यह हमारे लिए भी बहुत अच्छी ख़बर होगी।

पाकिस्तान में अब हिंदुस्तान की तरह मुक़ामी ज़बानों में टेलीविज़न चैनल शुरू हो गए हैं। ये चैनल सिंधी, पंजाबी और पश्तो के प्रोग्राम पेश कर रहे हैं। अपने इलाक़ों में या बतौर-ए-ख़ास कराची की मुज़ाफ़ाती (उपनगरों) बस्तियों में यह बहुत पसंद किए जाते हैं। जहाँ इन ज़बानों के बोलने वाले बड़ी तादाद में रहते हैं। जिस तरह हिंदुस्तान में गुजराती, तमिल, तेलुगु, मराठी और दूसरी ज़बानों के टेलीविज़न चैनलों की चर्चा है, कुछ वही सूरत पाकिस्तान में भी बन रही है। इससे अच्छी बात भला क्या हो सकती है कि हर ज़बान के बोलने वाले अपनी बोली में अपनी पसंद के प्रोग्राम देख सकें। इस तरह ज़बान, कल्चर और फ़नकारों को भी बहुत बढ़ावा मिलता है। लीजिए इस मर्तबा की गपशप में सियासत तो रह गई, चलिए कोई बात नहीं, अगली बार सही!

8 मई, 2005

क्या-क्या सुनाऊँ

जर्मनी में गोएटे इंस्टीट्यूट और लिट्रेचर वर्क स्टेट की मेज़बानी के दौरान अपनी उर्दू कहानियाँ सुनाकर, उनके जर्मन तर्जुमे सुनकर और जर्मन, पाकिस्तानी और हिंदुस्तानी अदब दोस्तों से दिलचस्प बहस-मुबाहिसे के बाद मैं अभी-अभी कराची वापस पहुँची हूँ। म्यूनिख़ और बर्लिन की फ़िज़ाएँ ठंडी थीं। कराची में सूरज आग बरसा रहा है और सियासी मौसम भी गरम है। पाकिस्तान पीपुल्स पार्टी के चेयरपर्सन बेनज़ीर भुट्टो के शौहर आसिफ़ ज़रदारी जिस क़दर बढ़-चढ़ कर फ़ौज से मुफ़ाहिमत (समझौते) की बातें कर रहे हैं, वह हम सबके लिए आश्चर्यजनक है। जनरल परवेज़ के बारे में इतनी अच्छी-अच्छी बातें तो उनकी हुकूमत के वुज़रा (मंत्रीगण) भी नहीं करते। कहा यह जा रहा है कि आसिफ़ ज़रदारी हर क़ीमत पर मौजूदा हुकूमत से सुलह चाहते हैं। दूसरे लफ़्ज़ों में यूँ कह लीजिए कि वह हर क़ीमत पर किसी-न-किसी हद तक इक़्तिदार (सत्ता) में शिरकत चाहते हैं। उनकी पार्टी के निहायत सरगर्म और मुख़लिस कारकुन (निःस्वार्थ कार्यकर्ता) इस पॉलिसी पर हैरान-परेशान हैं। बहुत से वह पार्टी कारकुन, जो कल जेल से छूट कर आए हैं जिन्होंने लाहौर में आसिफ़ ज़रदारी के इस्तक़बाल के मामले पर पुलिस की लाठियाँ खाई थीं, ज़ख़्मी हुए थे और जेल गए थे, इन दिनों एक-दूसरे से यह पूछते फिर रहे हैं कि अगर बेनज़ीर और आसिफ़ ज़रदारी को फ़ौजी हुकूमत से 'गपशप' ही करनी थी तो फिर हमने अपनी जान क्यों दाँव पर लगाई?

दाँव पर तो उस पाकिस्तानी की जान भी लगी हुई थी जो बग़दाद दूतावास का मुलाज़िम था और जिसे इराक़ियों ने फिरौती के लिए अग़वा किया था। उसे अब रिहा कर दिया गया है, लेकिन कितनी रक़म के बदले? यह किसी को मालूम नहीं, क्योंकि पाकिस्तानी वज़ारते ख़ारिजा (विदेश मंत्रालय) ने ऐलान किया है कि अग़वा करने वालों को एक रुपया भी अदा नहीं किया गया है। लोग एक-दूसरे से पूछ रहे हैं कि इराक़ियों को अगर रक़म लिए बग़ैर ही इस पाकिस्तानी कर्मचारी को आज़ाद करना था, तो फिर उसे अग़वा करने की ज़रूरत ही क्या थी?

पाकिस्तान में ज़रूरत इस बात की है कि ज़्यादा से ज़्यादा नये स्कूल खोले जाएँ, लेकिन यहाँ गंगा हमेशा उलटी बहती है। इसका अंदाज़ा इस बात से लगाइए कि सूबा-ए-सिंध की वज़ीरे तालीम (शिक्षा मंत्री) हमीदा खोड़ू ने एक टेलीविज़न इंटरव्यू में यह स्वीकार किया है कि सिंध में 5000 सरकारी स्कूल इसलिए बंद पड़े हैं कि उनमें पढ़ाने के लिए टीचर मौजूद नहीं हैं। इधर सिंध के वज़ीरे आला (मुख्यमंत्री) ने सरकारी स्कूलों की यूनिफार्म का रंग बदलने का ऐलान किया है। पाकिस्तान में सरकारी स्कूलों में पढ़ने वाले बच्चों की यूनिफार्म का रंग पीला है और इन इमारतों का रंग भी पीला है। इसलिए इन स्कूलों में पढ़ने वाले (पीले स्कूल के बच्चे) कहलाते हैं। सिंध के चीफ मिनिस्टर ने बहुत अच्छा किया कि यूनिफार्म का रंग बदलने का फ़ैसला किया। इस तरह यह बच्चे अब 'नीले स्कूल के बच्चे' कहलाएँगे।

मैंने अपने पिछले कॉलम में औरत की इमामत (नमाज़ पढ़ाना) का ज़िक्र करते हुए बताया था कि अमेरिका में डॉक्टर अमीना वदूद ने नमाज़े जुमा की इमामत की, जिस पर तहलका मचा हुआ है। यह हंगामा अभी बढ़ेगा क्योंकि लाहौर के एक मज़हबी स्कॉलर जावेद अहमद हामिदी ने यह फतवा दे दिया है कि औरत नमाज़ की इमामत कर सकती है। अब इमकान (संभावना) इस बात का है कि लाहौर की बहुत-सी पढ़ी-लिखी औरतें शाही मस्जिद में नमाज़ पढ़ने और कोई एक इमामत करने का ऐलान कर दे। मेरे ख़याल में यहाँ जो

तहलका मचेगा, उसका आँखों देखा हाल बयान करने के लिए तहलका डॉट काम वालों का कोई नुमाइंदा फ़ौरन लाहौर पहुँच जाना चाहिए।

पहुँच तो पाकिस्तानी औरतें पेशावर में रही हैं, जहाँ इन दिनों 'कारख़ानू मार्केट' में अमेरिकी सामान आया हुआ है। इस मार्केट में दुनिया भर का सामान स्मगल हो कर पहुँचता है। पहले यहाँ रूसी सामान के ढेर लगे हुए थे, रूसी फ़ौजें वापस गईं, तो यहाँ चीन, कोरिया, मलेशिया और जापान का सामान मिलने लगा है। अब जब से अफ़ग़ानिस्तान में अमेरिकी फ़ौजें दाख़िल हुई हैं, यहाँ अमेरिका से स्मगल होने वाले सामान की रेलमपेल है। यही वजह है कि बहुत-सी पाकिस्तानी ख़्वातीन, जो अमेरिकी कॉस्मेटिक्स, कपड़ों और खानों पर जान देती हैं, वह यहाँ पाई जाती हैं।

चलते-चलते एक दिलचस्प ख़बर! कहाँ तो पाकिस्तान-हिंदुस्तान, कारगिल में एक-दूसरे पर चाँदमारी करते थे और कहाँ अब गले में इतनी बाँहें पड़ी हुई हैं कि दुबई और लाहौर में साझे फ़ैशन शो हो रहे हैं जहाँ पाकिस्तान की महरीन सैयद पहले नंबर पर रहीं। हिंदुस्तान की मॉडल गोथी आशिया पहली रनर अप और रीना मालडोविया दूसरी रनर अप रहीं। जगह कम है और बातें ज्यादा, क्या-क्या सुनाऊँ!

1 मई, 2005

इस तरह तो होता ही है

तहलका लाहौर में हुआ। पाकिस्तान पीपुल्स पार्टी के हज़ारहा कारकुन (हज़ारों कार्यकर्त्ता) तमाम मुश्किलात के बावजूद लाहौर पहुँचने में कामयाब हुए। हज़ारों बसों-कारों और रेलगाड़ियों से उतारे गए और गिरफ़्तार हुए। मसला इतना-सा था कि आसिफ़ अली ज़रदारी दुबई से 16 अप्रैल को लाहौर पहुँच रहे थे। हुकूमत ने पार्टी कारकुनों की तरफ़ से उनके इस्तक़बाल को अपनी अना (अहं) का मसला बना लिया।

पहले आसिफ़ ज़रदारी के आने का वक़्त तब्दील हुआ और जब मुँह अँधेरे उनका तैयारा (हवाई जहाज़) लाहौर एयरपोर्ट पर उतरा तो उसका दरवाज़ा खुलते ही आला पुलिस हुक्काम तैयारे में घुस गए और वह आसिफ़ ज़रदारी और उनके साथियों को बजब्र (ज़बर्दस्ती) अपने साथ ले गए। बाहर पीपुल्स पार्टी के कारकुन पुलिस से गुत्थम-गुत्था थे और दूसरी तरफ़ उनका लीडर पुलिस की तहवील में लाहौर के बिलावल हाउस ले जाया जा रहा था। ज़रदारी के साथ बैनुलअक़वामी (अंतरराष्ट्रीय) मीडिया के जो रिपोर्टर और फोटोग्राफर आए थे, उन्हें हवाई जहाज़ में घंटों रोक कर रखा गया। उनके कैमरे, टेपरिकॉर्डर और मोबाइल फोन छीन लिए गए और पुलिस ने उनका अच्छा 'स्वागत' किया। ये फोटोग्राफर और रिपोर्टर बहुत नाराज़ थे, लेकिन 'सजनवा इस तरह तो होता है, इस तरह के कामों में'। भला किसी वैद्य-हकीम ने नुस्ख़े में लिखा था कि आप एक पाकिस्तानी

अपोज़ीशन लीडर के साथ दुबई से लाहौर चल पड़ें। अरे भाइयो! हमारे यहाँ जिसे देखो वह 'दुबई चलो' का नारा लगाता है, तो इसीलिए कि वहाँ रियाल भी मिलते हैं और पुलिस की छतरोल से बाल भी महफ़ूज़ रहते हैं।

हमारे यहाँ महफ़ूज़ हमारी तारीख़ भी नहीं रही है। तब ही इन दिनों कराची यूनिवर्सिटी ने बीसवीं पाकिस्तान हिस्ट्री कान्फ्रेंस का अहतमाम (आयोजन) किया है। तीन रोज़ की इस कान्फ्रेंस के मेज़बानों में पाकिस्तान हिस्टॉरिकल सोसाइटी के अलावा हमदर्द फाउंडेशन और पाकिस्तान स्टडी सेंटर भी शामिल थे। इसमें पाकिस्तान-हिंदुस्तान और चंद दूसरे मुल्कों के तारीख़दाँ (इतिहासकार) शरीक थे। कान्फ्रेंस में हिस्सा लेने वाले इस बात पर मुत्तफ़िक़ (सहमत) थे कि बर्रे-सग़ीर की तारीख़ को नये सिरे से और ग़ैर जानिबदार (निष्पक्ष) तौर पर लिखने की ज़रूरत है। इन आलिम व फ़ाज़िल लोगों का कहना था कि तारीख़ को मुस्तनद (प्रामाणिक) यूनिवर्सिटियों और कॉलेजों में पढ़ाया जाना चाहिए। इसके साथ ही दुरुस्त पर्सपेक्टिव में तारीख़ और मामलात को देखने की ज़रूरत है। तारीख़ को नफ़रत फैलाने और दूसरों की मुहतरम (सम्माननीय) शख़्सियतों को हिक़ारत (उपेक्षा) की नज़र से देखने के सबब बहुत से मसाइल पैदा हुए हैं।

मसाइल तो अपने लिए असरा नौमानी ने भी पैदा कर लिए। उनका नाम 'वॉल स्ट्रीट जर्नल' के उस अहम जर्नलिस्ट के साथ भी लिया जाता रहा है, जिसे कराची में पहले अग़वा किया गया और फिर जिसकी गर्दन उड़ा दी गई थी। असरा नौमानी ने दो किताबें लिखी हैं, अमेरिका में रह रही हैं, हज कर चुकी हैं। उनका कहना है कि इस्लाम उससे मुख़्तलिफ़ है, जो हमें बताया जाता है। वह मुसलमान औरत के हुक़ूक़ की बात करती हैं और पिछले महीने 18 मार्च को उन्हीं की मुहिम के नतीजे में न्यूयार्क की एक मस्जिद में उन्हीं जैसे ख़्यालात रखने वाली डॉक्टर अमीना वदूद ने नमाज़े जुमा की इमामत की।

यह एक ऐसा वाक़िआ था कि इसके बाद असरा नौमानी और डॉक्टर अमीना वदूद को 'मुर्तिद' (विधर्मी) और वाजिबुलक़त्ल (जिनकी

हत्या करना वाजिब हो) क़रार दिया जा रहा है। यह कहना ज़्यादा मुनासिब है कि इस वाक़िए ने इस्लामी दुनिया में एक तहलका मचा दिया है।

तहलका तो लाहौर में चीनी फ़नकारों ने मचाया। चीन के मुख़्तलिफ़ सूबों की सक़ाफ़त और तहज़ीब (सभ्यता और संस्कृति) की अक्कासी करने वाले तेरह रक़्स पेश किए गए। इब्तिदाई चीनी तहज़ीब को धनक रंगों से उजागर किया गया। इन रक़्क़ासों ने तिब्बत, कोरिया और मंगोला के रक़्स के अलावा चीनी ओपेरा का भी मुज़ाहिरा किया। चीनी फ़नकारों की पाकिस्तान में हमेशा आवभगत होती है। इस मर्तबा भी उन्होंने लाहौर वालों को अपनी रियाज़त (अभ्यास) और अपनी फ़नकारी का क़ायल कर दिया।

24 अप्रैल, 2005

रात भर महकी ग़ज़ल

पाकिस्तान में मज़हबी जमाअतों का इत्तिहाद एमएमए के नाम से पहचाना जाता है। ये मज़हबी जमाअतें अपने तौर पर इलेक्शन में तीन-चार सीटें जीत पाती थीं, लेकिन जब उन्हें स्टेबलिशमेंट की छतरी मयस्सर हुई, तो वो बड़े बहुमत से कामयाब हुईं। शुरू में उसने पाकिस्तान की जेनुइन अपोज़ीशन यानी एआरडी का साथ दिया, लेकिन जैसे ही जनरल साहब को उसकी हिमायत की ज़रूरत हुई उसने रस्सियाँ तुड़वाईं और बड़े दावों के साथ उनके तमाम संवैधानिक संशोधन को लिजिटिमेसी देने के लिए उनके पक्ष में वोट दे दिया और कहा कि दरअसल इस तरह फ़ौज को सेफ एक्ज़िट दे रहे हैं। दावा भी किया गया कि जनरल मौसूफ़ (श्रीमान) से एक क़रार हुआ है, जिसके तहत वह 31 दिसंबर, 2004 तक अपने फ़ौजी ओहदे से अलग हो जाएँगे। उसी वक़्त निष्पक्ष राजनीतिक विश्लेषकों का कहना था कि यह सब अवाम को बेवकूफ़ बनाने की बातें हैं। 31 दिसंबर गुज़र गई और जनरल साहब यह दावा करते रहे कि पाकिस्तानी फ़ौज को सियासत से कोई सरोकार नहीं। एक गलत दावे के आधार पर अवाम में एमएमए की लोकप्रियता का ग्राफ गिरा, तो उसने फौरन 'वर्दी उतार' मुहिम का ऐलान कर दिया। बड़े-बड़े हुकूमत मुख़ालिफ़ जुलूस निकाले गए और इस्लामाबाद में धरने की बातें होने लगीं।

अचानक गुजराँवाला में लड़कियों की मैराथन रेस पर एमएमए के 'मुजाहेदीन' टूट पड़े और उसके बाद से 'वर्दी उतार' मुहिम 'औरत

मार' मुहिम में तब्दील हो चुकी है। इन रहनुमाओं की लीडरी भी चमक रही है और जनरल परवेज़ मुशर्रफ़ की वर्दी की दमक भी बरक़रार है। इसे कहते हैं 'रिंद के रिंद रहे, हाथ से जन्नत न गई'। उधर पीपुल्स पार्टी के जियाले शोर मचाते घूम रहे हैं कि एमएमए दरअसल जनरल परवेज़ मुशर्रफ़ की बी टीम है, तब ही उसने हुकूमत के ख़िलाफ लाखों के जुलूस निकाले और हुकूमत ने कोई रोक-टोक नहीं की। जबकि हमें लाहौर में आसिफ़ ज़रदारी के इस्तक़बाल की इजाज़त नहीं मिल रही। इसकी वजह यह है कि पीपुल्स पार्टी और एआरडी असली से बड़ा विपक्ष है, जिसके सौ कारकुनों से भी हुकूमत को डर लगता है। डर तो कराची में आलमी मुशायरा कराने वालों को भी लग रहा था कि कहीं कोई ऐसी गड़बड़ न हो जाए कि मुशायरा रद्द करना पड़े।

यह आलमी मुशायरा 1989 से तक़रीबन हर साल आयोजित हो रहा है और शहर वाले इसका इंतज़ार करते हैं। इस तरह उन्हें दुनिया भर से आए हुए शायरों और बतौर ख़ास हिंदुस्तानी शायरों को सुनने का मौक़ा मिलता है। अली सरदार जाफ़री, कैफ़ी आज़मी, मजरूह सुल्तानपुरी और खुमार बाराबंकवी ज़िंदा थे, तो उन्हें सुनने के लिए हज़ारों लोग उमड़ आते थे। अब जब ये बड़े नाम रुख़सत हो चुके, तब भी लोग दिलचस्पी से पुराने और नये नामों को सुनने आते हैं। इस मर्तबा हिंदुस्तान के राहत इंदौरी, आदिल लखनवी, खुशबीर सिंह, रेहाना नवाब और सुमन दुबे ने मुशायरा लूटा। हज़ारों का मजमा था। मुशायरा रात गए शुरू हुआ और सुबह साढ़े सात बजे तक जारी रहा। अच्छे अशआर पर शायरों को खूब दाद मिली।

दाद तो नेशनल ग़ज़ल फेस्टिवल में हिस्सा लेने वालों ने भी समेटी। यह ग़ज़ल फेस्टिवल चार दिन तक जारी रहा। इसके लिए कराची आर्ट्स कौंसिल को ऐसा सजाया गया कि वह मुग़ल गार्डन जैसा नज़र आ रहा था। बैक ड्राप में चुग़ताई आर्ट के नमूने थे। सफेद मेहराबें थीं, जिनमें ब्रास फ़िलिग्रीड लैंप रोशन थे। स्टेज के हाशियों पर शमअें और दीए जल रहे थे। इन चार दिनों के दौरान फ़रीदा ख़ानम, टीना सानी, गुलाम अली, तरन्नुम नाज़, सायरा नसीम, अज़रा रियाज़ और सलामत अली के अलावा दूसरे नये आने वालों

ने अपनी आवाज़ का जादू जगाया और इस नेशनल ग़ज़ल फेस्टिवल को यादगार बना दिया।

यादगार तो पाकिस्तान-बंगलादेश फ्रेंडशिप एसोसिएशन का प्रोग्राम भी रहा, जिसमें बंगलादेशी फ़नकारों ने कराची के एफटीसी सेंटर में हज़ारों प्रशंसकों को अपना दीवाना बना लिया। बंगलादेशी सपेरों का नागिन रक़्स कमाल की चीज़ था। बाँसुरी बजाने वालों ने लोगों का दिल मोह लिया और नौका वाले मांझियों के गीतों ने एक समाँ बाँध दिया। क़ाज़ी नज़रुल इस्लाम के गीतों के साथ उर्दू की ग़ज़लें और गीत भी पेश किए गए। पाकिस्तान, हिंदुस्तान और बंगलादेश इन दिनों प्रेम की तानें उड़ा रहे हैं। काश! ये तानें उप-महाद्वीप की फ़िज़ाओं में हमेशा उड़ान भरती रहें।

बातें तो आज सर गंगाराम की भी हो रही हैं, जो पंजाब के मशहूर तरीन बेटों में से एक हैं और जिन्होंने लाहौर को गंगाराम अस्पताल का तोहफ़ा दिया था। सआदत हसन मंटो ने एक कहानी में तक़सीम के उन दिनों को याद किया है, जब लाहौर में फ़िरक़ेवाराना फ़सादात हो रहे थे। मंटो ने लिखा कि एक बड़ी भीड़ ने सर गंगाराम की मूर्ति को घेर लिया, जो चौक पर लगी हुई थी। एक शख़्स ने मूर्ति के गले में जूतों का हार पहनाया, दूसरे ने मूर्ति के मुँह पर कालिख पोती।

थोड़ी देर बाद सर गंगाराम की मूर्ति के गले में जूतों का हार डालने वाला फ़सादी मुसलमान ज़ख़्मी हो गया, तो उसके साथी उसे लेकर फ़ौरन सर गंगाराम अस्पताल भागे। यह तो मंटो की कहानी थी, लेकिन मुझे इस वक़्त उप-महाद्वीप के एक बड़े नेशनलिस्ट रहनुमा और दानिशवर अबुल कलाम आज़ाद याद आए। अलीगढ़ रेलवे स्टेशन पर उनकी अपनी बिरादरी ने उनके गले में फटी जूतियों का हार पहना दिया था। आज सर गंगाराम और अबुल कलाम आज़ाद सिर उठाए खड़े हैं और इतिहास ने उनकी तौहीन करने वालों का सिर झुका दिया है। वाक़ई समय बड़ा बलवान है!

17 अप्रैल, 2005 पाकिस्तान डायरी

नर्क से बचाने के लिए पिटाई!

पंजाब के शहर गुजराँवाला में एक मैराथन रेस हो रही थी, जिसमें लड़कियाँ भी हिस्सा ले रही थीं। इस रेस का आग़ाज़ जिन्नाह स्टेडियम से हुआ जहाँ कई वज़ीर, नेशनल असेंबली के सदस्य और डिस्ट्रिक्ट मैनेजमेंट के बहुत से आला अफ़सरान अपनी बेगमात के साथ मौजूद थे। दस हज़ार के लगभग लड़कियाँ स्टेडियम के अंदर थीं, जो सारे ज़िले से आई थीं। लड़कियों की जब वॉक शुरू हुई तो मज़हबी जमाअतों के गठबंधन एमएमए के एक हज़ार कार्यकर्ताओं ने इस वॉक में शरीक लड़कियों पर हमला कर दिया। ये लोग लाठियों और पेट्रोल बमों से लैस थे। पुलिस ने हमलावरों को रोकने की कोशिश की, तो उस पर गोलियाँ चलाई गईं। जवाबन पुलिस ने फायरिंग की, आँसू गैस के गोले फेंके। ग़रज़ डेढ़ सौ लोग ज़ख़्मी हुए। स्टेडियम में मौजूद दस हज़ार से ज़्यादा लड़कियाँ और औरतें चीख़-पुकार कर रही थीं। बाहर सड़क पर लड़कियाँ घसीटी जा रही थीं और उन्हें मारा जा रहा था। मज़हबी तंज़ीम के दीनदार कार्यकर्त्ता ये न करते तो क्या करते? वह तो उन्हें जहन्नुम की आग से बचा रहे थे। लड़कियों और औरतों को घरों की चारदीवारी में रहना चाहिए, न कि वे मैराथन में हिस्सा लें।

डरना तो शोएब मलिक को भी चाहिए। उन्हें हिंदुस्तान, क्रिकेट खेलने के लिए भेजा गया था, वह वहाँ से हिंदुस्तानी और वह भी हैदराबादी दुल्हन ब्याह लाए। पाकिस्तानी जनता इस शादी से बहुत

.ख़ुश है। शोएब मलिक के फैन मिठाइयाँ तक़सीम कर रहे हैं। सुना है कि कराची की हैदराबाद कालोनी की 'अचार गली' में हैदराबादी अचार की माँग बढ़ गई है। शोएब मलिक के चाहने वालों को इसका भी डर है कि कहीं एमएमए यह कहकर उनके ख़िलाफ़ जुलूस न निकाल ले कि पाकिस्तान में लड़कियों की भला कमी थी। कुछ ऐसे भी हैं, जो वीज़ा फार्म भरते हुए हैदराबाद का नाम ज़रूर लिख रहे हैं। उनका कहना है कि हो सकता है हमारे भाग्य भी जागें और हमारे हाथों में वह हिनाई (मेहँदी रचे) हाथ आएँ, जो बघारे बैंगन और डबल का मीठा बनाने में माहिर हों। एक ख़ातून जो मैरिज ब्यूरो चलाती हैं, वह दिल्ली, मुंबई, कराची, लाहौर और वाघा बॉर्डर पर 'झट मँगनी पट ब्याह मैरिज ब्यूरो' खोलने का इरादा रखती हैं। इधर कोई कुँआरा दिल्ली एयरपोर्ट पर उतरा और उधर उसकी बरात हौज़ख़ास या गली क़ासिम जान रवाना हुई। इधर कोई कुँआरी वाघा बॉर्डर पहुँची और उधर उसकी डोली शाहदरा या मॉडल टाउन पहुँचाई गई।

पाकिस्तान पहुँचने वाले तो बीजेपी के लीडर एल.के. आडवाणी भी हैं, जिन्हें हुक्मरान मुस्लिम लीग के चौधरी शुजाअत ने लाहौर आने और सीताजी के बेटे लव के मंदिर का संगे बुनियाद (नींव का पत्थर) रखने की दावत दे दी है। फिर वह ताशे-बाजे के साथ हैदराबाद (सिंध) लाए जाएँगे और अपने आबाई (पैतृक) घर में पधारेंगे, जो आज भी 'आडवाणी घिट्टी' के नाम से पहचाना जाता है। किसी ने यह ख़बर उड़ाई है कि पुलिस वाले उस घर में रहने वाले साहब को दो-चार हाथ झाड़ आए हैं। वजह यह है कि पुलिस वाले जब 'साहब की सिक्युरिटी' के लिए वहाँ पहुँचे और अंदर घुसने लगे, तो उन्होंने शोर मचा दिया कि तुम मेरे घर में क्यों घुस आए हो।

10 अप्रैल, 2005

हमारे यहाँ भी खिला होली का रंग

आप सब पढ़ने वालों को होली की मुबारकबाद। माना कि यह मुबारकबाद आप तक देर से पहुँच रही है, लेकिन त्योहार पर शुभ कामनाएँ देर पहुँचें या सवेर, उन्हें क़ुबूल कर लेना चाहिए।

कराची में होली मनाई गई और अख़बारों में रंग की पिचकारियों से रंगी हुई औरतों, मर्दों और बच्चों की तस्वीरें छपीं। अख़बारों ने अपने पहले सफ़्हे पर अपने पढ़ने वालों को होली की मुबारकबाद दी। मुसलमान अपने हिंदू दोस्तों के घर गए, जहाँ उन्हें रंग से नहलाया गया और मीठा खिलाया गया। पाकिस्तानी इलेक्ट्रॉनिक मीडिया में पहली मर्तबा होली का शानदार कवरेज हुआ। काश! मेलजोल के यह रंग-ढंग जारी रहें।

जहाँ तक मेलजोल के रंग-ढंग की बात है, तो हिंदुस्तान और पाकिस्तान दोनों ने एक-दूसरे से क्रिकेट खेलते हुए दोस्ती का मुज़ाहिरा किया। कभी हम जीतें, कभी तुम जीतो वाला मामला रहा और यूँ टेस्ट सीरीज़ बराबर हो गई। देखना यह है कि दिल्ली के वन-डे मैच का नतीजा क्या रहता है। वैसे वहाँ एक मैच हिंदुस्तान के वज़ीरे आज़म मनमोहन सिंह और पाकिस्तान के जनरल परवेज़ मुशर्रफ़ के दरमियान भी खेला जाएगा, जिसका नतीजा हमें बहुत दिनों बाद मालूम होगा। हम तो बस यह चाहते हैं कि दोनों मुल्कों की जनता चैन-आराम से रहे और दोनों के दरमियान दोस्ती की वह फ़िज़ा बढ़ती रहे, जो इन दिनों देखने में आ रही है।

लेकिन भगवान हो या ख़ुदा, किसी को वह दिन न दिखाए, जो कराची स्टाक एक्सचेंज में काम करने वालों को देखने पड़े हैं। वह लोग जो यह कहते थे कि कराची स्टाक एक्सचेंज में इतने बड़े पैमाने पर तेज़ी मेनीपुलेटेड है, आज वह बहुत .ख़ुश हैं और कहते फिर रहे हैं कि हम तो पहले ही यह कहते थे। जिन्होंने पिछले दिनों भारी पैमाने पर अपने रुपये लगाए थे, वह दहाड़ें मार कर रो रहे हैं। लगभग दस अफ़राद इस सदमे की ताब न ला कर हलाक हो गए हैं। दर्जनों पर दिल का दौरा पड़ा है और केपिटलाइज़ेशन 4 खरब रुपये गिर गई है। सूरते हाल कितनी खराब है, इसका अंदाज़ा इससे लगाया जा सकता है कि इंडेक्स 1534 पॉइंट्स कम हुआ है। कहा जाता है कि यह चंद बड़े खिलाड़ियों का खेल है, जिसमें उन्होंने अरबों कमाए और मिडिल क्लास इन्वेस्टर दिवालिया हो गया।

बअज़ सियासी ज्योतिषियों का कहना है कि पाकिस्तान में सियासत नये रंग दिखाने वाली है। कुछ ही दिन बाद पाकिस्तान की साबिक़ (पूर्व) वज़ीरे आज़म बेनज़ीर भुट्टो और उनके शौहर आसिफ़ ज़रदारी अजमेर शरीफ़ में ख़्वाजा मुईनुद्दीन चिश्ती की दरगाह पर हाज़िरी देने वाले हैं। यह ख़बर भी आई है कि पाकिस्तान के साबिक़ वज़ीरे आज़म और ज़िला वतन (निर्वासित) सियासी रहनुमा मियाँ नवाज़ शरीफ़ भी हिंदुस्तान जाने वाले हैं। वह जम-जम जाएँ और साथ में अपनी बेगम कुलसूम को भी ले जाएँ। मियाँ नवाज़ शरीफ़ पाकिस्तान के पहले सियासतदाँ हैं जिन्होंने 1995 में अपने इलेक्शन मेनीफेस्टो में हिंदुस्तान से बेहतर ताल्लुक़ात और जंग न करने की बात की थी और उनकी पार्टी जब दो तिहाई अकसरियत (बहुमत) से जीत गई थी तो उन्होंने वज़ीरे आज़म का हलफ़ (शपथ) लेने से पहले एक हिंदुस्तानी चैनल को इंटरव्यू देते हुए कहा था कि इन दोनों मुल्कों के दरमियान वीज़ा की भला क्या ज़रूरत है। काश! वह दिन भी आए। हम उसके इंतज़ार में हैं।

3 अप्रैल, 2005

राग-रागिनियों और गीतों की होली

शादी ड्रामे में हो या हक़ीक़त में, दो दिलों को मिलाती है। चंद दिन पहले लंदन में एक ऐसी शादी हुई, जिसमें दूल्हा-दुल्हन एक-दूसरे के हुए और इसके साथ ही पाकिस्तान की दो मक़बूलतरीन (अति-लोकप्रिय) सियासी जमाअतों के रहनुमा यानी पीपुल्स पार्टी की बेनज़ीर भुट्टो और मुस्लिम लीग नवाज़ ग्रुप के शहबाज़ शरीफ़ एक-दूसरे से .ख़ुशगवार माहौल में मिले। यह दोनों पार्टियाँ कुछ अरसे तक एक-दूसरे की दुश्मन रही हैं। अब दोनों ही इस नतीजे पर पहुँची हैं कि इस लड़ाई-झगड़े ने पाकिस्तान में जम्हूरियत को शदीद नुक़सान पहुँचाया है। इसी झगड़े के नतीजे में दोनों पार्टियों के रहनुमा जद्दा और दुबई में बनवास काट रहे हैं। अपनी इसी ग़लती के एहसास के साथ ही मियाँ नवाज़ शरीफ़ और बेनज़ीर भुट्टो ने अपने रवैये तबदील किए और एक-दूसरे के बारे में बयानबाज़ी ख़त्म की। यह इसी का नतीजा था कि पहले जद्दा में मियाँ नवाज़ शरीफ़ ने बेनज़ीर भुट्टो और उनके शौहर आसिफ़ ज़रदारी की मेज़बानी की और अब पीपुल्स पार्टी के एक लीडर के बेटे की शादी में बेनज़ीर-शहबाज़ मुलाकात हुई, जिसमें दोनों ने पार्लियामेंट के ज़रिए सद्र मुंतख़ब (निर्वाचित) करने और जम्हूरियत बहाल करने की मुशतरिक (साझी) जद्दोजहद पर इत्तिफ़ाक़-ए-राय (एक राय) का इज़हार किया। जद्दा और लंदन में होने वाली इन मुलाकातों की दरमियानी मुद्दत में पाकिस्तानी हुकूमत की तरफ़ से डिसइन्फॉर्मेशन की ज़बरदस्त मुहिम

चलाई गई, जिसकी तरदीद (खंडन) लंदन की इस मुलाकात में दोनों तरफ़ से की गई है। यह मुलाकात पाकिस्तान की जम्हूरी जद्दोजहद के लिए एक नेक शगुन है।

नेक शगुन तो यह भी है कि पिछले दिनों इस्लामाबाद में एक इंटरनेशनल उर्दू कान्फ्रेंस हुई, जिसमें हिंदुस्तान से बहुत से अदीब और शायर शरीक हुए। गोपीचंद नारंग, शम्सुर्रहमान फ़ारुक़ी, अजीत कौर, जुबैर रज़वी, शमीम हनफ़ी, डॉक्टर क़मर रईस, शहरयार और दूसरे बहुत से हिंदुस्तानी मेहमानों का भरपूर स्वागत हुआ। इन महफिलों में हिंदुस्तान के साथ-साथ रूस से प्रोफेसर लदम्ला वसालिवा, जर्मनी से प्रोफेसर क्रिस्टीना आस्टरहेड और बरतानिया से डेविड मैथ्यूज़ के अलावा चीनी और जापानी भी मौजूद थे। दिन में अदबी मामलात के बारे में पर्चे पढ़े गए और रातों को राग-रंग की महफ़िलें जमीं। दिल्ली की ख़ाक में आराम करने वाले और अमीर खुसरो के गीतों के बोल कानों में रस घोलते रहे...'अम्माँ मेरे बावा को भेजो री कि सावन आया...सकल बन फूल रही सरसों...' और सबसे आखिर में 'बाबुल' गाया गया। ख़ालिस हिंदुस्तानी राग-रागिनियों और गीतों से वह होली खेली गई, जिसने लोगों को प्रेम रंग में रँग दिया। पाकिस्तान की मशहूर रक़्क़ासा (नर्तकी) निगहत चौधरी और उनके साथियों ने लोगों को उस गंगा-जमनी फ़िज़ा में पहुँचा दिया, जिसके सहर (जादू) से निकलने में कुछ देर लगी। नौटंकी मेला इसके सिवा था, जिसमें मंटो की और बअज़ दूसरी कहानियों को स्टेज किया गया। इस कान्फ्रेंस में हिंदुस्तान की पहली उर्दू फिल्म 'आलम आरा' का ज़िक्र रहा। सहगल, लता मंगेशकर, किशोर, रफ़ी, नूरजहाँ और आशा भोसले की आवाज़ें बर्रेसग़ीर (उपमहाद्वीप) के लोगों को जिस तरह एक-दूसरे से जोड़ती हैं, उसका भी चर्चा रहा। मुझे इस कान्फ्रेंस में उर्दू के फेमिनिस्ट अदब की तारीख़ को बयान करना था। गोपीचंद नारंग ने ग़ालिब, इक़बाल और फ़ैज़ के ज़िक्र के साथ-साथ मीर का भी ज़िक्र किया। नारंग साहब बलूचिस्तान (पाकिस्तान) में पैदा हुए, दिल्ली में रहते हैं और उर्दू के बेमिसाल नक़्क़ादों (समालोचकों) में से हैं। उन्होंने कहा कि उर्दू ज़बान ऐसी नटखट है, जो सरहदों को

नहीं मानती और ख़ुशबू की तरह बर्रे-सग़ीर में और उससे बाहर दुनिया के मुख़्तलिफ़ इलाक़ों में फैली हुई है। आल इंडिया रेडियो के अधिकारी रहे ज़ुबैर रज़वी ने उस ज़माने को याद किया जब उर्दू के बेहतरीन अदीब और शायर आल इंडिया रेडियो में जमा हो गए थे। यह ज़िक्र भी रहा कि जापान में सौ बरस से उर्दू पढ़ाई जा रही है और मारीशस में हर साल उर्दू ड्रामे का फेस्टिवल होता है।

ड्रामे के ज़िक्र पर याद आया कि मैंने अपने पिछले किसी कालम में सूई (बलूचिस्तान) की डॉक्टर शाज़िया के साथ होने वाले बलात्कार के बारे में लिखा था और यह भी लिखा था कि जनरल मुशर्रफ़ ने इस जुर्म में मुबैयेना मुलव्विस (कथित रूप से लिप्त) फ़ौजी अफसर को पहले ही 'बेगुनाह' क़रार दे दिया है। अब सरकारी ट्रिब्यूनल ने यह कहा है कि डॉक्टर शाज़िया के साथ कुछ हुआ ही नहीं था। यह तो बस क़ौम-परस्तों का 'ड्रामा' था। मार्च के महीने में औरतों के हुक़ूक़ (अधिकारों) की ख़ासतौर से बात की जाती है। इस महीने में एक औरत पर होने वाले ज़ुल्म को 'ड्रामा' हमारी सरकार ही कह सकती थी, जो हर वक़्त औरतों के हक़ की बात करती है।

20 मार्च, 2005

जब सिकंदर बख़्त ने लता के पैर छुए

खोखरा पार, मुनाबाओ का रास्ता खुलने का इंतज़ार करते हुए बहुत से लोग मौत के सामने हार गए थे। वे भी, जो अपना वतन छोड़ कर पाकिस्तान आ गए थे और फिर अपने घरों को जाने, अपने ख़ूनी रिश्तों से मिलने के लिए तरसते ही रहे। इन दिनों हिंदुस्तान और पाकिस्तान के दरमियान जिस बड़े पैमाने पर सफ़र हो रहा है, वह हम सब जानते हैं। लेकिन सिंध, जहाँ तर्के-वतन (देश छोड़ना) करने वालों की सबसे बड़ी तादाद रहती है और जहाँ वह हिंदू घराने भी आबाद हैं, जिनकी क़रीबी रिश्तेदारियाँ राजस्थान, मुंबई और गुजरात में हैं, वही हिंदुस्तान जाने के लिए सबसे ज़्यादा तरसते हैं। गुरबत (ग़रीबी) उनके पैरों की ज़ंजीर है।

वह वीज़ा लेने के लिए न इस्लामाबाद जा सकते हैं, न हवाई जहाज़ का किराया दे सकते हैं। ऐसे हज़ारों लोग कराची में इंडियन काउंसलेट और खोखरा पार, मुनाबाओ का रास्ता खुलने की खुशख़बरी के इंतज़ार में हैं। पाकिस्तान के फ़ेडरल रेलवे मिनिस्टर ने कल कहा है कि 30 दिसंबर, 2005 तक यह रास्ता हर क़ीमत पर खुल जाएगा। ऐसे बहुत से वादे हम बरसों से सुन रहे हैं, जाने यह वादे कब वफ़ा होंगे।

ये वादे वफ़ा हों या न हों, हिंदुस्तानियों ने पाकिस्तानी क्रिकेट टीम का शानदार इस्तक़बाल (स्वागत) करके यह वादा तो पूरा कर दिखाया कि हम पाकिस्तानी टीम का जी-जान से स्वागत करेंगे। इस

मौक़े पर मुझे वह पुराने ज़माने याद आ गए, जब आसिफ़ इक़बाल की कप्तानी में पाकिस्तानी टीम हिंदुस्तान गई थी और दिलीप कुमार ने, जो जावेद मियाँदाद के बड़े परस्तार (प्रशंसक) थे, टीम की शानदार दावत की थी। राज कपूर ख़ानदान भी क्रिकेट का शैदाई (चाहने वाला) है। राज कपूर उस वक़्त ज़िंदा थे। उन्होंने टीम की जब दावत की, तो हर खिलाड़ी के हाथ राज कपूर जी और उनकी बेगम कृष्णा ने खुद धुलाए थे। मुंबई के एक होटल में अपने परस्तारों को आटोग्राफ़ देते हुए फ़ास्ट बॉलर सिकंदर बख़्त के हाथ से आटोग्राफ बुक उस वक़्त गिर गई थी, जब उन्हें यह मालूम हुआ था कि उनके सामने बर्रे-सग़ीर (उप-महाद्वीप) की महान गुलूकारा (गायिका) लता मंगेशकर खड़ी हैं। तब सिकंदर बख़्त ने झुककर लता जी के पैर छू लिए थे।

दोनों सरकारें अगर इंसानी जज़्बों और रिश्तों का एहतराम करें, कराची और मुंबई में काउंसलेट और खोखरा पार का रास्ता खोल दें, तो दोनों तरफ के आम लोग दोस्ती के रास्ते में बिछी हुई दुश्मनी की बारूदी सुरंगें साफ़ करते जाएँगे। इससे आम लोगों की ज़िंदगी बहुत आसान हो जाएगी।

दुश्मनी की बारूदी सुरंगें साफ़ करने का यह काम अजूका थिएटर की फरयाल गौहर ने 7 मार्च को लाहौर में पंज पानी थिएटर फेस्टिवल्स का आग़ाज करके किया। इस फेस्टिवल में पाकिस्तानी और हिंदुस्तानी पंजाब के 20 ड्रामे पेश किए गए। लाहौर के लोग बड़ी बेचैनी से पड़ोसी पंजाब के फनकारों को देखने के मुंतज़िर थे।

13 मार्च, 2005

इंसाफ, महँगाई और अवाम

हमारे यहाँ इंसाफ का लफ़्ज़ किताबों में लिखा हुआ दिखाई देता है, लेकिन आम आदमी और ख़ासतौर से पाकिस्तानी औरत की ज़िंदगी में इंसाफ़ ढूँढ़े से नहीं मिलता। चंद हफ़्ते पहले बलूचिस्तान के छोटे से शहर सूई में, जहाँ गैस निकलती है, एक ऐसा वाक़या हुआ, जिसने पूरे मुल्क को दहला कर रख दिया। वहाँ के अस्पताल में काम करने वाली एक लेडी डॉक्टर का बलात्कार हुआ और उस वाक़ये को सरकारी तौर से छुपाया गया, क्योंकि मुबैयेना (कथित) तौर पर उसमें एक फ़ौजी अफसर मुलव्विस (लिप्त) है।

अख़बार और टेलीविज़न वाले, औरतों की अंजुमनें इस ख़बर को ले उड़ीं और सारे मुल्क में एहतिजाज (विरोध) होने लगा। सरकार की उस वक़्त से कोशिश है कि असल मुजरिम पकड़ा न जाए। जनरल परवेज़ मुशर्रफ़ जो औरतों के हुकूक़ (अधिकारों) के चैंपियन कहलाते हैं, उन्होंने बहुत ज़ोर-शोर से बयान दिया कि क़ानून के मुताबिक मुजरिम को फाँसी दी जानी चाहिए। लेकिन इसके साथ ही यह भी कहा कि लेडी डॉक्टर जिस आर्मी कैप्टेन की तरफ़ उँगली उठा रही हैं, वह ऐसा कर ही नहीं सकता।

कैसा कमाल का इंसाफ़ है कि जिस पर अज़ाब टूटा, उसकी सुनने या इन्वेस्टीगेशन टीम की रिपोर्ट और अदालत के फ़ैसले का इंतज़ार करने के बजाए जनरल साहब खुद मसनदे इंसाफ़ (इंसाफ़ की गद्दी) पर जा बैठे। इंसाफ़ माँगने वाली डॉक्टर ने दो-टूक यह

कह दिया है कि मुझे इंसाफ़ मिलने की कोई उम्मीद नहीं रही है। मेरी ज़िंदगी तबाह हो चुकी है। मैं और मेरा शौहर अपनी बाक़ी ज़िंदगी पाकिस्तान से बाहर किसी दूसरे मुल्क में गुज़ारना चाहते हैं। उस लेडी डॉक्टर पर जो गुज़रेगी, उसका कुछ अंदाज़ा हम सबको है। अब देखना यह है कि फाँसी का फंदा किसके गले में पड़ता है।

फंदा महँगाई का अवाम के गले में हर दिन तंग हो रहा है। हमारे यहाँ रमज़ान हो, ईद या मुहर्रम हो, हर साल दुकानदार रोज़ाना इस्तेमाल की चीज़ों पर मनमाने दाम बढ़ा देते हैं। इस बार भी यही हुआ है। लोगों ने पहले रमज़ान और फिर ईद की महँगाई भुगती और अब मुहर्रम शुरू हुआ, तो दूध 28 रुपये, टमाटर 60, शक्कर 28, मसूर की दाल 28, आटा 16 और चावल 36 रुपये किलो बिकने लगे। मुहर्रम में हलीम, हलवे, शर्बत और शीरमाल की नज़्र (भेंट) देने वाले, लंगर बाँटने वाले सिर पकड़कर बैठ गए। औरतें जिन्हें लगे-बँधे रुपयों में घर का ख़र्च चलाना होता है, वे जान से बेज़ार हैं। इन्फ़्लेशन ने रुपये की कुव्वते-ख़रीद (क्रय-शक्ति) कम कर दी है, बेरोज़गारी बढ़ रही है। नतीजा यह निकला कि चोरी-चकारी और डकैती का ग्राफ तेज़ी से बढ़ रहा है। कराची में रोज़ाना लगभग सौ-सवा सौ मोबाइल, गन पाइंट पर छिनते हैं, यही हाल मोटर-साइकिल और गाड़ियों का है।

शहर के कई इलाक़ों में गैंगवार चल रही है और रोज़ाना कई जानें इसकी भेंट चढ़ रही हैं। इधर यह हाल है, उधर सरकार का कहना है कि शहर में ला एंड ऑर्डर की सूरते-हाल बेहतर हुई है। बहुत से लोग मैग्नीफाइंग ग्लास लेकर उसे ढूँढ़ रहे हैं और कुछ दिलजले उसे महबूब की कमर कहते हैं, जिसके लिए किसी शायर ने कहा है, 'हरचंद कहें कि है, नहीं है'।

कुछ यही हाल पाकिस्तान भर में सिनेमाघरों का हुआ है। हिंदुस्तानी फिल्मों का आना बंद हुआ, तो पाकिस्तानी फिल्मों का मेयार गिर गया। जनरल ज़ियाउलहक़ के ज़माने में फिल्मों पर सेंसर की कैंची ऐसी चली कि अच्छी-अच्छी उर्दू और अँग्रेज़ी फिल्मों का

सत्यानाश हो गया। रही-सही कसर वीसीआर और केबल पर चलने वाली हिंदुस्तानी फिल्मों ने पूरी कर दी। सिनेमाघर गिरा कर शॉपिंग माल और फ्लैटों के कॉम्प्लेक्स बनने लगे। सिंध से जाने वाले यूँ तो सारे हिंदुस्तान में फैले हुए हैं, लेकिन मध्य प्रदेश में उनकी ख़ासी बड़ी तादाद आबाद है। वे लोग, जिन्होंने अपना बचपन या नौउम्री कराची में गुज़ारी है, उन्हें शायद यह पढ़ कर दुख हो कि गिडवानी और एडवानी स्ट्रीट से ज़रा आगे सेठ होथमल होथी मार्केट के क़रीब, जो शानदार 'जुबली' सिनेमा था, वह अब नहीं रहा है। मैंने गिडवानी स्ट्रीट की खन्ना मेंशन में दीवार थाम कर चलना सीखा था। 'जुबली' सिनेमा में 'जुगनू' और 'अंदाज़' देखी थी। चंद दिन पहले दिल्ली साहित्य एकेडमी की गोल्डन जुबली कान्फ्रेंस में शिरकत करके कराची वापस आई, तो जुबली सिनेमा का मलबा मेरा मुंतज़िर था। इस मलबे के साथ ही कराची से जाने वालों और यहाँ आकर बसने वालों की हसीं यादें भी खाक का ढेर हो गईं।

6 मार्च, 2005

वसंत की बहारें

लाहौर में 'वसंत' धूमधाम से मनाई गई। पतंग और माँझा बेचने वालों से लेकर मल्टीनेशनल कंपनियों तक सबकी चाँदी हुई। सारे मुल्क के अलावा यूरोप, अमेरिका और कनाडा से लोग वसंत मनाने लाहौर आए। भारी तादाद में विदेशी मेहमान हिंदुस्तान और दुबई के थे। इधर बूँदा-बाँदी हो रही थी और उधर 'बो काटा' के नारे लग रहे थे। घरों की मुंडेरों पर चराग़ाँ (रोशनी) थी और छतों पर पतंग उड़ाने वालों के साथ-साथ तानें भी उड़ाई जा रही थीं। रेसकोर्स ग्राउंड में पतंग उड़ाने का मुक़ाबला हुआ। मल्टीनेशनल कंपनियों ने शहर की ऊँची इमारतों की बहुत-सी छतें किराए पर ले ली थीं। फिल्म, टेलीविज़न और मौसीक़ी की दुनिया के बड़े नाम इन छतों पर पतंग उड़ा रहे थे। बक़ौल लाहौरियों के मौज-मस्ती कर रहे थे। इस्लामाबाद से दर्जनों डिप्लोमेट भी इस मौज-मेले में हिस्सा लेने पहुँचे थे। जनरल परवेज़ मुशर्रफ़ ने दिन में कश्मीर-डे पर धुआँधार बयानात दिए। बाद में घर वालों और दोस्तों के साथ खूब वसंत मनाई। आपस की बात यह है कि पाकिस्तान में अब बहुत से लोग कश्मीर-डे को कश्मीर हाली-डे के नाम से याद करते हैं। रात भर ज़बर्दस्त आतिशबाज़ी हुई। पाबंदी के बावजूद लोगों ने हवाई फायरिंग भी की और पतंगें धात के तारों से बाँध कर उड़ाईं। नतीजा? दस लोगों की जानें गईं और लगभग दो सौ ज़ख़्मी हुए।

बलूचिस्तान में धमाके हुए और आसमान रोशन रहा, लेकिन

यह ख़ुशी का नहीं ग़ुस्से का इज़हार था। बलूचिस्तान और पंजाब की सरहद पर एक गैस पाइप लाइन और क्वेटा से ज़ाहिदान (ईरान) जाने वाली रेलवे लाइन भी बम से उड़ा दी गई। बलूच क़ौम-परस्तों के जहाँ और भी मुतालिबात (माँगें) हैं, वहीं यह भी मुतालिबा कर रहे हैं कि सुलेमान रेंज के दो डिस्ट्रिक बलूचिस्तान में (अभी पंजाब में) शामिल कर दिए जाएँ। यह इलाक़े बलूचिस्तान में शामिल हों या न हों, कराची में सत्तर लड़के-लड़कियाँ एक-दूसरे की ज़िंदगी में शामिल हो गए। यह इज्तिमाई (सामूहिक) शादियाँ थीं, जो निश्तर पार्क (पूर्व नेशनल पार्क) में धूमधाम से हुईं। हज़ारों लोग बराती थे। उनका स्वागत सिंध के चीफ़ मिनिस्टर ने किया। हर जोड़ा सजी-सजाई बग्घी में ताशे-बाजे के साथ आया। हर जोड़े को सलामी के बतौर 35 हज़ार रुपये के तोहफे दिए गए। इन जोड़ों में से ज़्यादातर सिंध के देहातों और क़स्बों से आए थे। कुछ का ताल्लुक़ कराची की ग़रीब बस्तियों से था। ऐसी इज्तिमाई शादियाँ अब यहाँ अकसर होती हैं, जिनका इंतज़ाम 'बाज़ एनजीओज़' करती हैं, और इस तरह वह माँ-बाप का कुछ बोझ कम कर देती हैं।

एक बहुत मुख़्तसर-सी शादी दुबई में हुई, जिसमें दूल्हा सऊदी अरब के शहर जद्दा से आया था और दुल्हन लाहौर से। दूल्हा थे पंजाब के साबिक़ (पूर्व) वज़ीरे आला (मुख्यमंत्री) मियाँ शहबाज़ शरीफ़, जो इन दिनों पाकिस्तान मुस्लिम लीग (नवाज़) के सद्र हैं। यह उनकी तीसरी शादी है। दुल्हन हैं तहमीना दुर्रानी, जिन्होंने पंजाब के साबिक़ वज़ीरे-आला और शेरे पंजाब, से तलाक़ लेकर 'माई फ़्यूडल लार्ड' लिखी थी। उनकी इस खुदनविश्त (आत्मकथा) ने सिर्फ़ पाकिस्तान ही नहीं, हिंदुस्तान और दुनिया के दूसरे मुल्कों में भी शोहरत हासिल की और उसके मुतअद्दिद (कई) एडीशन फ़रोख़्त हुए। इस शादी के बारे में किसी को वहमो-गुमान भी न था, लेकिन बक़ौल मियाँ शहबाज़ शरीफ़ 'जोड़े तो आसमान पर बनते हैं'। उम्मीद है कि शहबाज़ उन्हें नाराज़ करने का ख़तरा मोल नहीं लेंगे। तहमीना कहीं क़लम सँभालकर माई इंडस्ट्रियलिस्ट लार्ड लिखने न बैठे जाएँ। वह अब पूर्व पाकिस्तानी वज़ीरे-आज़म मियाँ नवाज़ शरीफ़ की भावज बन गई हैं।

कुछ लोगों का कहना है कि शहबाज़ शरीफ़ की ज़िंदगी में कुलसूम नवाज़ जैसी ज़बर्दस्त सियासतदान बीवी की कमी थी, वह कमी उन्होंने यूँ पूरी कर ली है। यूँ भी तहमीना दुर्रानी को पाकिस्तान आने और सियासत न करने की पाबंदी नहीं है। इस वक़्त वह दूल्हा मियाँ के साथ न्यूयार्क में हनीमून मना रही हैं। उनकी पाकिस्तान वापसी यहाँ की सियायत में हंगामाख़ेज़ साबित हो सकती है।

13 फरवरी, 2005

आलमपनाह का आशीर्वाद और यू-टर्न

नमकीन ईद आई और गुज़र गई। अब से पहले बकरों और दुंबों के नाम पाकिस्तानी फ़िल्मों की हीरोइनों के नाम पर रखे जाते थे। इस मर्तबा हिंदुस्तान के मशहूर टेलीविज़न सीरियल 'सास भी कभी बहू थी' के कई किरदारों के नामों से इन जानवरों को पुकारा गया, उनकी ख़बरें और तस्वीरें अख़बारों में छपीं, हजारों लोग उन्हें देखने आए और वे बहुत महँगे बिके। सारे मुल्क ने चार दिन की छुट्टियाँ मनाईं। लड़कों ने अपनी ईदी सायबर कैफ़े में चैटिंग और दोस्तों को सैर कराने में ख़र्च की, लड़कियों ने ब्यूटी पार्लर का रुख़ किया। औरतों ने सुबह से रात बावर्ची-ख़ाने में बसर की। तिक्के लगाए, पुलाव पकाया, कलेजी भूनी और उनका अपना दिल कबाब होता रहा कि वह इस मुश्किल में फँसी हुई हैं। मर्द कंबल और लिहाफ़ ओढ़े हिंदुस्तानी फिल्मों और पाकिस्तानी टेलीविज़न के ड्रामों को देख कर आहें भरते रहे कि सुष्मिता सेन, सादिया इमाम, मीरा और मंदाकिनी के हीरो क्यों नहीं। खुशगवार हैरत इस मर्तबा कुछ लोगों को एक पाकिस्तानी प्रायवेट चैनल से प्रसारित होने वाली टेली-फ़िल्म 'चाँद तुम्हारे लिए' देख कर हुई। ऐसा पहली मर्तबा हुआ कि कहानी के दादा जान दो मुल्कों में रहने वाले एक ख़ानदान की नयी नस्ल को शादी के बंधन में बाँधते हैं।

कहानी का हीरो हिंदुस्तान से आता है और पाकिस्तानी दुल्हन ब्याह कर हिंदुस्तान वापस चला जाता है। इस तरह का यू-टर्न

पाकिस्तानी सरकार ने 9/11 के बाद आलमपनाह बुश बहादुर का आशीर्वाद हासिल करने के लिए अपनी अफ़ग़ान पॉलिसी पर लिया था। तालिबान से निपट कर जहाँपनाह ने जब हिंदुस्तान से दोस्ती का हुक्म दिया, तो अब न चाहते हुए भी प्रेम की गंगा बह रही है। दोस्ती की हवा चल रही है। इसके बाद यह मुमकिन हो सका है कि टेलीविज़न पर इंडियन फिल्में और उनके गाने चले रहे हैं। पाकिस्तानी हीरोइन मीरा, वैजयंती माला को ट्रिब्यूट पेश करते हुए सलाम के साथ 'नमस्ते' कहें तो ग़द्दार न कही जाएँ। ऐसे वक़्तों में मुझे कारगिल के दिन याद आते हैं, जब आसमा जहाँगीर, हिना जीलानी और मैं पचास-पचपन पाकिस्तानी औरतों और लड़कियों के साथ दोस्ती बस लेकर हिंदुस्तान गए। वापस आए तो यूँ महसूस होता था, जैसे हम से बड़ा गद्दार तो कभी कोई पैदा ही नहीं हुआ। वाक़ई कभी के दिन बड़े और कभी की रातें।

मंटो की बरसी

एक ज़माना था कि सआदत हसन मंटो पर अश्लीलता के मुक़दमे चलते थे। किसी शरीफ़ घराने के लड़के-लड़की की ज़बान पर उनका नाम आ जाए, तो माँ-बाप सात मर्तबा कुल्ली करवा कर उसका मुँह पाक कराते थे। इस साल उनकी पचासवीं बरसी मनाई जा रही है। इफ़्तिखार आरिफ़, जो पाकिस्तान एकेडमी आफ़ लेटर्ज़ के चेयरमैन भी हैं, मंटो साहब के नाम उन्होंने इस्लामाबाद में एक बड़ा जलसा किया। उसमें मंटो की बेटी नुसरत जलाल भी मौजूद थीं। उन्होंने लाहौर के एक थिएटर की शिकायत भी की, जो पचास बरस बाद भी मंटो साहब की कहानी को स्टेज करते हुए हिचकिचा रहा है। उनका कहना था कि इसी तरह टी.वी. उनकी चंद कहानियों को ही टेलीविज़न पर पेश करने के क़ाबिल समझता है। दिलचस्प बात यह है कि वह पाकिस्तानी सरकार, जो पहले मंटो साहब और बाद में उनके पब्लिशरों को समन जारी करती थी, इस मर्तबा उसने उनका यादगारी टिकट जारी किया है।

30 जनवरी, 2005

सर्दी-गर्मी और क्यूपिड की शरारतें

कहा जाता है कि दुनिया उम्मीद पर क़ायम है, लेकिन आप सब जानते हैं कि दफ़्तरों की दुनिया चपरासियों पर क़ायम है। मेरे दफ़्तर में काम करने वाला चपरासी कल काम पर न आया, तो शोर मच गया। उसकी झोंपड़ी दफ़्तर से बहुत क़रीब है। इसलिए एक साहब उसकी ख़ैरियत मालूम करने दौड़े गए। पूछताछ से पता चला कि उसका इकलौता स्वेटर, जो उसने ठेले से दस रुपये में ख़रीदा था, चोरी हो गया है और रात भर ठंड खाने से उसे बुख़ार हो गया है। चुनांचे फ़ौरन उसे एक स्वेटर और दवा भिजवाई गई। सब ही डरे हुए थे कि उसकी बीमारी लंबी हो गई, तो दूसरे दिन चाय कौन बनाएगा और खाने की मेज़ कौन लगाएगा। उसे स्वेटर भिजवा कर मैंने उसी दिन के अख़बार में छपे हुए उस रंगीन इश्तिहार पर नज़र डाली, जिसमें बीस से तीस लाख तक की गाड़ियाँ अपनी अदाएँ दिखा रही थीं। मैं यही सोचती रही कि ग़रीबी दुनिया में हर जगह पाई जाती है, लेकिन पाकिस्तान और हिंदुस्तान में ग़रीबों-अमीरों में इतना फ़र्क़ है कि अमीर किसी दूसरे ग्रह पर बसते नज़र आते हैं।

ग़रीबी तेज़ी से बढ़ रही है। दिसंबर, 2004 में इन्फ़्लेशन में 7.37 फ़ीसद इज़ाफ़ा हुआ। खाने-पीने की चीज़ों की क़ीमतें और बढ़ गईं। इन दिनों स्टाक मार्केट में भी ज़बरदस्त उतार-चढ़ाव रहा है। 11 जनवरी को कराची स्टाक एक्सचेंज में 226 पॉइंट का इज़ाफ़ा हुआ, जबकि 13 जनवरी को मार्केट 233 पॉइंट गिर गया। इस

उतार-चढ़ाव से लोगों के लाखों रुपये डूब गए और बहुत से सट्टेबाज़ फुटपाथ पर आ गए। यानी ग़रीब का ही नहीं, मिडिल क्लास का भी बुरा हाल है। हाल तो अच्छा बलूचिस्तान में भी नहीं। रक़बे में पाकिस्तान के इस सबसे बड़े सूबे के दो सियासतदानों, सरदार बगटी और अताउल्लाह मेंगल के बयानात से बारूद की बू आती है। सरकार के सख़्त रवैये को देख दो बलोच क़बीलों ने दुश्मनी ख़त्म करने का ऐलान कर दिया है। तमाम विपक्षी पार्टियों ने बलूचिस्तान में फ़ौज भेजने की मुख़ालिफ़त की है। इस सर्दी में कुछ गरमागरम ख़बरें आने वाली हैं।

उधर न्यूयार्क की ह्यूमन राइट्स वाच की सालाना रिपोर्ट में कहा गया है कि जनरल परवेज़ मुशर्रफ़ की सरकार ने मुल्क की सियासी और आर्थिक ज़िंदगी पर अपनी गिरफ़्त बहुत मज़बूत कर ली है। एचआरडब्ल्यू का कहना है कि सरकार की इस कड़ी गिरफ़्त का अंदाज़ा इस बात से लगाया जा सकता है कि पंजाब के ज़िले ओकाड़ा में हज़ारों किसानों ने अपनी उपजाऊ ज़मीनों पर फ़ौज के क़ब्ज़े का विरोध किया, तो उसे सख़्ती से कुचला गया। इस जद्दोजहद के दौरान किसान मारे गए, उनकी औरतों के साथ ज़्यादतियाँ हुईं, बच्चों के लिए दूध और बड़ों के लिए पानी बंद हुआ। अख़बारात में ओकाड़ा से मुताल्लिक़ ख़बरें और कालम रुकवाए गए। यहाँ यह भी बताती चलूँ कि ओकाड़ा के किसानों के बारे में मेरा कालम भी नहीं छप सका।

रोशनी इस बात पर भी डाली जानी चाहिए कि बगलिहार डेम और कश्मीर जैसे मामलात की वजह से पाकिस्तान-हिंदुस्तान की सरकारों के दरमियान गरमागरमी के बावजूद हिंदुस्तानी फ़िल्मों, फ़िल्मी सितारों, सास भी कभी बहू थी और कहानी घर-घर की जैसे टेलीविज़न ड्रामों में आम पाकिस्तानियों की दिलचस्पी अपने चरम पर है। पाकिस्तान की राइटिस्ट पार्टियाँ इन बातों को दुश्मनों की साज़िश कहती हैं, लेकिन जनता इन बातों पर कान नहीं धरती। उनकी दिलचस्पी क्यूपिड की शरारतों से है, जिससे यह कभी नहीं हुआ कि देखभाल कर तीर चलाए। वह कभी भी नस्ल, रंग मज़हब

और मुल्क का ख़याल नहीं रखता। रखता होता तो वीरज़ारा भला क्यों बनती, जो पाकिस्तान के हर घर और हर छप्पर होटल में देखी जा रही है।

वीरज़ारा का गीत, 'ज़िंदगी ले के आई है बीते दिन की किताब, घेरे हैं अब हमें यादें बेहिसाब' व दूसरे गीत भी गली-गली गूँज रहे हैं। आम लोगों को यह फ़िल्म अच्छी लगी है। हालाँकि हीरोइन पाकिस्तानी है, जबकि हीरो हिंदुस्तानी है। ताहम कुछ लोगों को इस बात पर ग़ुस्सा भी है। शाहरुख़ खान और प्रिटी ज़िंटा के काम को पसंद किया जा रहा है।

23 जनवरी, 2005

बातें हमारी तरफ़ की

हिंदुस्तान का बँटवारा होकर पाकिस्तान बना तो यही कहा गया था कि नये मुल्क में जम्हूरियत होगी लेकिन यहाँ जम्हूरियत के साथ जो कुछ हुआ वो सभी जानते हैं। मशरिक़ी पाकिस्तान बंगलादेश बन गया तब भी पाकिस्तानी हुकूमत को अक़्ल न आई। मियाँ नवाज़ शरीफ़ और बेनज़ीर भुट्टो के ज़माने में हालात कुछ बेहतर हुए लेकिन पाँच बरस से फ़ौजी हुकूमत है जिससे लोग बहुत नाराज़ हैं। बलूचिस्तान में नाराज़गी इंतिहा को पहुँच गई है। यही वजह है कि सूई गैस फ़ील्ड पर राकेटों से हमला हुआ और मुल्क भर में गैस की सप्लाई को नुक़सान पहुँचा। कराची सबसे कम मुतास्सिर हुआ है। इसके बावजूद शहर के एक हिस्से में बिजली नहीं है और मुल्क के बहुत से शहरों में रसोई घर ठंडे पड़े हैं।

औरतें उस ज़माने को याद कर रही हैं जब सब जंगल में रहते थे और खाने पकाने का चलन नहीं था। चलन तो उस ज़माने में इज़्ज़त के नाम पर औरतों और लड़कियों को क़त्ल करने का भी नहीं था लेकिन पाकिस्तान ख़ासतौर से सिंध के देहातों में ग़ैरत का क़त्ल यानी 'कारोकारी' फलफूल रही है। भाई को बहन की जायदाद पर क़ब्ज़ा करना हो, बहन या बेटी अपनी मर्ज़ी से शादी करना चाहती हो या घर के मर्दों की किसी से दुश्मनी हो इन तमाम मुश्किलों को चुटकी बजाते हल करने का तरीक़ा ये है कि अपने घर की लड़की या औरत को क़त्ल कर दीजिए और थाने चले जाइए। थानेदार से

कहिए कि हमारी बहन, बेटी, भावज या माँ आवारा थी सो अपनी इज़्ज़त की ख़ातिर हमने उसे क़त्ल कर दिया है। पुलिस और अदालत दोनों आप से नर्मी बरतेगी और साल दो साल की सज़ा काट कर आप आज़ाद हो जाएँगे।

जिस मर्द पर आशिक़ होने का इल्ज़ाम लगा हो आप उसके ख़ानदान या क़बीले से लाखों का जुर्माना भी ले सकते हैं। इस तरह उसकी जाँ बख़्शी हो जाती है। सरकार का कहना है कि 2004 में 1250 औरतें 'कारी' कर दी गईं। ह्यूमन राइट्स और औरतों की तंज़ीमों का कहना है कि क़त्ल कर दी जाने वालियों की तादाद इससे कहीं ज़्यादा है और ये तादाद हर साल बढ़ रही है। पाकिस्तान में सुनामी से होने वाली तबाही का बड़ा चर्चा है। ये तबाही हिंदुस्तान से बढ़कर पाकिस्तान तक नहीं पहुँची। कुछ लोग ये कहते हुए सुने गए कि हिंदुस्तान ने पड़ोसी होने का हक़ अदा कर दिया और इस बला को अपने ही साहिलों पर रोक लिया। इस वक़्त पाकिस्तान भर में सुनामी की तबाही से मुतास्सिर होने वालों के लिए फंड और सामान इकट्ठा हो रहा है।

स्कूलों में नर्सरी के बच्चों को भी सुनामी के बारे में बताया गया है और उन्होंने भी चंदा इकट्ठा किया है। एआरवाई चैनल से एक प्रोग्राम हुआ जिसमें हिंदुस्तान और पाकिस्तान के फिल्म और टी.वी. आर्टिस्ट मिल कर बैठे और उन्होंने लाखों रुपये जमा किए। दोस्ती और दिलदारी की ये लहर पाकिस्तान में अपने उरूज (ऊँचाइयों) पर है और यही कहा जा रहा है कि हमने पचास-पचपन बरस लड़ कर गुज़ार दिए और खरबों-खरब रुपये हथियारों पर लुटा दिए, अब हमें मिल कर भुखमरी और गुरबत (ग़रीबी) से लड़ना चाहिए।

16 जनवरी, 2005

मेल-मिलाप का रंग

कुछ दिनों से पाकिस्तान और हिंदुस्तान में प्रेम बरखा बरस रही है। ऐसे में मुझे 1971 के बाद के वो कठिन दिन याद आते हैं जब हम पंद्रह-बीस लोगों ने कराची में 'पाक-हिंद प्रेम सभा' बनाई थी और देशद्रोही के ताने सुने थे। हम कहते थे कि 'हिंदू-मुस्लिम मिलजुल खेलें, जगनीति के खेल। डाह क्रोध को पीछे छोड़ें, कर लें बढ़ के मेल।' मेल-मिलाप का ये रंग सदियों पुराना है। कराची के साहिल पर राजस्थानी और मुगल तर्ज़े तामीर (स्थापत्य शैली) में बनी हुई हवेली 'मोहता पैलेस' इसी हिंदू-मुस्लिम तालमेल का एक ख़ूबसूरत नमूना है। सुर्ख़ राजस्थानी पत्थरों से बनी हुई ये हवेली शिव रतन मोहता ने 80 बरस पहले बनवाई थी। हिंदुस्तान की बैनुल अक़वामी शोहरत याफ़ता अदीब और पीस एक्टिविस्ट अरुंधती राय चंद बरस पहले कराची आईं, तो इस हवेली को देखकर उन्होंने बेसाख़्ता कहा था कि कराची वालों ने बहुत मुहब्बत से इसकी देखरेख की है। ये अब एक कल्चरल म्यूज़ियम है और इन दिनों इसमें 'ज्वैल इन द क्राउन' के नाम से एक बड़ी नुमाइश हो रही है। इसमें 1843 से 1947 तक ब्रिटिश राज के दौरान कराची की सक़ाफ़ती (सांस्कृतिक), समाजी, इल्मी और अदबी ज़िंदगी की झलकियाँ दिखाई देती हैं। ये वही ज़माना है जब उर्दू के सबसे बड़े शायर मिर्ज़ा ग़ालिब ने अपने एक ख़त में कराची बंदर का ज़िक्र किया था। नुमाइश कराची वालों को उस समय की याद दिलाती है, जब इस शहर के पारसी,

हिंदू, मुसलमान और क्रिश्चियन सब ही प्रेम धागे में पिरोए हुए थे। उन्होंने इस शहर को ताज बिरतानिया का जगमगाता हीरा बना दिया। इन लोगों में जमशेद नसरवान जी मेहता, हरचंद राय विशनवारी, सेठ नावमल, सर जहाँगीर कोठारी, हिज़ हाईनेस आग़ा अली ख़ान और दयाराम जेठमल गिडूमल जैसे लोग शामिल थे।

आज कराची सवा करोड़ से ज़्यादा आबादी का एक जदीद (आधुनिक) शहर है। अँग्रेज़ रुख़सत हो चुके, लेकिन इस शहर में क्रिसमस अब भी एहतमाम (धूमधाम) से मनाया जाता है। 25 दिसंबर को सेंट पेट्रिक कैथेड्रल और होली ट्रिनिटी कैथेड्रल में कैथोलिक और प्रोटेस्टेंट इकट्ठा हुए, शम्में जलाईं और इबादत की। पाकिस्तान की साबिक़ (पूर्व) वज़ीरे आज़म बेनज़ीर भुट्टो के शौहर आसिफ़ अली ज़रदारी आठ बरस बाद जेल से रिहा हुए हैं, उन्होंने अपने घर में पीपुल्स पार्टी के क्रिश्चियन वर्करों के साथ क्रिसमस का केक काटा और जश्न मनाया। दो दिन बाद उन्होंने एक बड़ा मुशायरा किया, जिसमें मुल्क भर से शायर आए और आसिफ़ उनकी कविताएँ सुन कर झूमते रहे। आज ये ख़बर आई है कि उनको मुल्क से बाहर जाने की इजाज़त मिल गई है। अब वो दुबई में मिस भुट्टो से मिल सकेंगे।

चंद दिनों पहले कराची में चौथा 'कारा फिल्म फेस्टिवल' ख़त्म हुआ, जिसमें महेश और पूजा भट्ट की फिल्म 'रोग' और हिंदुस्तान की अँग्रेज़ी फिल्म 'व्हाइट नॉइज़' ने धूम मचाई। धूम तो लाहौर और कराची में 'लगान' के आमिर ख़ान ने भी मचाई। उनका बैट 60 लाख में नीलाम हुआ, तो उन्होंने ये रुपये शौकत ख़ानम कैंसर अस्पताल को दिए। पाकिस्तानी जनता आमिर ख़ान के इस नेक काम पर तालियाँ बजा रही थी। एक मज़हबी जमाअत उनके ख़िलाफ़ शोर मचा रही थी, लेकिन तालियाँ इतनी ऊँची आवाज़ से बजाई गईं कि सारी मुख़ालिफ़त उसमें दबकर रह गई।

9 जनवरी, 2005

ज़ुल्म करने वालों को करारा जवाब

आपने मुख़्तारॉं माई का नाम ज़रूर सुना होगा। कुछ दिनों पहले वह हिंदुस्तान का फेरा लगा चुकी है। मैं भी कई हफ्तों पहले उसके बारे में लिख चुकी हूँ। गाँव में रहने वाले सरदार क़बीले की बुलाई हुई पंचायत के फ़ैसले के मुताबिक़ उसके साथ जो ज़ुल्मो ज़्यादती हुई, उसने पूरे पाकिस्तान को हिलाकर रख दिया। अपने पासपोर्ट की ज़ब्ती और अमेरिका जाने पर पाबंदी के हवाले से वह एक बार फिर ख़बरों में है। उस जैसी जीदार और बाहिम्मत लड़कियाँ या औरतें हमारी मिडिल या अपर क्लास में मुश्किल से मिलेंगी। इस अज़ाब से गुज़रने वाली लड़कियाँ कुएँ में कूद जाती हैं। मुख़्तारॉं माई ने कुएँ में कूदने के बजाए मुजरिमों से लड़ने का फ़ैसला किया। उस पर होने वाले ज़ुल्म की ख़बर मुल्क में फैली, तो हुकूमत ने उसे पाँच लाख रुपये दिए। कोई और लड़की होती, तो उससे घर बनाती, सामान ख़रीदती लेकिन उसने अपने गाँव में एक प्राइमरी स्कूल बनवा लिया। नाम रखा 'मुख़्तारॉं माई प्राइमरी स्कूल'। इस स्कूल की पहली तालिब इल्म वह ख़ुद थी। अब दो साल के अंदर इसमें 207 बच्चे पढ़ते हैं, जिनमें से 102 लड़कियाँ हैं। ये सब उसे बे-इज़्ज़त करने वाले सरदार देख रहे हैं, ग़ुस्से और नफ़रत से बल खा रहे हैं, लेकिन वह कुछ नहीं कर सकते। यह कमज़ोर-सी लड़की उन तमाम ज़ालिमों के लिए अज़ाब (आफ़त) बन गई है, जिन्होंने उस पर क़मायत तोड़ी थी। उससे मिलने के लिए कनाडा, इंग्लैंड और अमेरिका की सिफ़ारतकार (राजदूत) औरतें उसके गाँव जाती हैं, उसे अपनी हुकूमतों की हिमायत

(समर्थन) का यक़ीन दिलाती हैं। एक गाँव में रहने वाली यह ग़रीब और मज़लूम (प्रताड़ित) लड़की पाकिस्तान में एक हीरोइन की हैसियत रखती है। ऐसी हिम्मत और बहादुरी से जीने और लड़ने की उसे जितनी दाद दी जाए, वह कम है। चंद दिनों पहले अपनी शादी के बारे में बात करते हुए मुख़्ताराँ ने कहा कि मुझे अपने मुक़दमे के फ़ैसले का इंतज़ार है। उसने बताया, लोगों को यह मालूम है कि मुझे लाखों रुपये मिले हैं, इसलिए बहुत से लोग शादी की ख़्वाहिश ज़ाहिर करते हैं, इस बारे में ख़त लिखते हैं, लेकिन जब मैं उन्हें यह जवाब देती हूँ कि मुझे मिलने वाली यह रक़म मेरी नहीं, स्कूल की और देहात की औरतों की है। जब मैं उन्हें यह बताती हूँ कि मैं अपनी माँ के घर से दान-दहेज़ कुछ नहीं लाऊँगी और सिर्फ़ तीन कपड़ों में रुख़सत (विदा) होऊँगी और इसके साथ ही यह शर्त बताती हूँ कि मैं 'मीरवाला' में ही रहूँगी और मेरे शौहर को भी वहीं रहना होगा, तो फिर कोई पलट कर नहीं आता। वह बताती रही और हँसती रही, लेकिन मुझे यक़ीन है कि इतनी बहादुर लड़की को एक दिन कोई उसी जैसा सच्चा और खरा मर्द भी मिल जाएगा, जिसके साथ वह उम्र भर ज़िंदगी बसर कर सके।

उम्र तो ग़ज़ल गायकी के सफ़र में फ़रीदा ख़ानम ने भी बसर की। पहले वह ज़रा कम-कम बातें करती थीं, अब अकसर भूली-बिसरी बातें करने बैठ जाती हैं। जालंधर की रहने वाली फ़रीदा ख़ानम बँटवारे के वक़्त लाहौर आई और फिर यहीं की हो रहीं। अपने बचपन को याद करते हुए उन्होंने बताया, 'एक लिहाज़ से हमारा बचपन दूसरों से अलग यूँ था कि आँधी आए या तूफान गाने और रियाज़ से नाग़ा नहीं कर सकते थे...। उन दिनों मुझे याद है कि बच्चों को रात होने तक सो जाने का हुक्म सुना दिया जाता था, फिर हमें सुबह-सवेरे जगाकर मौसीक़ी की तालीम दी जाती। सहरी (प्रातः) के वक़्त हम गनकली, ललित और सुबह के दूसरे रागों का रियाज़ करते थे। स्कूल से घर वापस आते, तो गली-मुहल्ले में यूँ ही नहीं फिर सकते थे। सह-पहर (तीसरा पहर) के बाद दोबारा क्लासिकी मौसीक़ी का रियाज़ शुरू हो जाता। यक़ीन जानें, दोपहर के रागों से शुरू होकर राग पीलू

और सोनी गाते हुए शाम के रागों का रियाज़ किया करते थे। बड़े हुए, तो रियाज़ का वक़्त बढ़ गया। दोपहर और शाम के राग गाते, राग दरबारी तक गाया करते, राग दरबारी गाने का वक़्त आधी रात यानी बारह बजे है। मैं अपना मवाज़ना (तुलना) आज के गाने वालों के साथ करती हूँ, तो मुझे अहसास होता है, हमारे बुजुर्गों ने हमें फ़न की तालीम दिलाते हुए हमारा कितना साथ दिया।'

इन दिनों कराची आर्ट्स कौंसिल ने एक सिलसिला 'कूचा-ए-सक़ाफ़त' के नाम से शुरू किया है। इसे आप कल्चर स्ट्रीट कह लें। हर हफ्ते आर्ट्स कौंसिल वालों ने 'चार बैत' का मुक़ाबला करवा के लोगों को हैरान कर दिया। यहाँ पाकिस्तान में 'चार बैत' का कोई रिवाज नहीं। बँटवारे से पहले रामपुर, भोपाल, टौंक और जावरा में 'चार बैत' के बड़े-बड़े मुक़ाबले होते थे, जिनमें दो टुकड़ियाँ हिस्सा लेती थीं और एक-दूसरे से आगे निकलने की कोशिश करती थीं। कराची की एक बस्ती 'लाँढी' से कुछ लोग मिले, जो 'चार बैत' में हिस्सा लेने के लिए तैयार हुए और अपने-अपने दफ़ लेकर चले आए। कराची आर्ट्स कौंसिल वाले कोशिश कर रहे हैं कि चंद और ग्रुप मिल जाएँ, तो काँटे का मुक़ाबला हो। मेरे ख़याल से भोपाल और रामपुर से 'चार बैत' में हिस्सा लेने वाले अगर एक फेरा पाकिस्तान का लगाएँ, तो बहुत लुत्फ आए और हमारे उपमहाद्वीप के कल्चर की यह रीत जो भुला दी गई है, एक बार फिर से अपनी बहार दिखा जाए।

बहार पर तो इन दिनों गर्मी है, जिसने शहर क्या, सारे मुल्क को परेशान कर दिया है। उस पर से हमारा बिजली का निज़ाम यूँ महसूस होता है कि हमारे लड़के-बालों ने तो आँख-मिचौली खेलना छोड़ दी और अब बिजली ने इस आँख-मिचौली को इख़्तियार कर लिया है। अभी आई—अभी गई, और गई तो आने का नाम नहीं लेती। कभी दो घंटे नहीं है और कभी दस घंटे के लिए ग़ायब। अब आप ही सोचिए कि ऐसे में शहर वाले बाल न नोचें, कपड़े न फाड़ें, तो और क्या करें?

3 जुलाई, 2005

औरतों के हक़ में गुलेल भी नहीं

इन दिनों हमारे यहाँ लोकल गवर्नमेंट इलेक्शन की चर्चा है। यह इलेक्शन एक ऐसी हुकूमत करा रही है, जो खुद को 'जम्हूरी' (लोकतांत्रिक) और 'मुन्तख़ब (निर्वाचित) कहती है, लेकिन उसका जम्हूरियत (लोकतंत्र) पर इतना यक़ीन है कि इस इलेक्शन में किसी सियासी जमात को अपने नाम से हिस्सा लेने की इजाज़त नहीं। हुकूमत का यह दावा भी है कि पाकिस्तानी औरतों को उसने बेपनाह हक़ दिए हैं और ग्रासरूट लेवल पर औरतों को सियासत में शरीक किया है। कैसी दिलचस्प बात है कि इसी हुकूमत के ज़माने में पाकिस्तान के उत्तरी इलाक़ों में औरतों को लोकल गवर्नमेंट के इलेक्शन में हिस्सा लेने से रोका जा रहा है। इन इलाक़ों में बट ग्राम, अपर और लोअर दीर, कोहिस्तान, मालाकंड एजेंसी, शांगला के अलावा ज़िला सुवाबी, मर्वान और पेशावर के बाज़ इलाक़े शामिल हैं। इन ज़िलों में सरकारी मुस्लिम लीग के अलावा दूसरी सियासी जमातों और उन इलाक़ों के बुज़ुर्गों के दरमियान एक समझौते पर दस्तख़त हुए हैं, जिसके तहत यह तय पाया है कि कोई भी सियासी पार्टी, इन इलाक़ों से औरतों को इलेक्शन में हिस्सा लेने के लिए नहीं कहेगी और न किसी औरत को व्यक्तिगत तौर पर उनमें हिस्सा लेने दिया जाएगा। इस समझौते के मुताबिक़ औरतों का इलेक्शन में हिस्सा लेना, इलाक़े के रस्मो-रिवाज के ख़िलाफ़ है। यह भी कहा गया है कि अगर किसी ने इस समझौते की ख़िलाफ़-वरज़ी (उल्लंघन)

की, तो उसे सख़्त सज़ा दी जाएगी। याद रहे कि पिछले लोकल गवर्नमेंट इलेक्शन में उत्तरी इलाक़ों की एक सियासी महिला कार्यकर्त्ता ने ऐसा करने की जुर्रत की, तो उसे क़त्ल कर दिया गया था। इसके अलावा इन इलाक़ों में औरतों को वोट डालने की भी इजाज़त नहीं दी गई थी।

उत्तरी इलाक़ों के इन बुज़ुर्गों या इन इलाक़ों के सियासी रहनुमाओं के ख़िलाफ़ सरकारी सतह पर कोई कार्रवाई नहीं हुई है, लेकिन तक़रीबन तमाम बड़ी सियासी जमाअतों ने इस समझौते की सख़्त भर्त्सना की है। उनका कहना है कि हमने उत्तरी इलाक़ों में अपने मुक़ामी रहनुमाओं और कारकुनों से इस बारे में जवाब-तलब किया है उधर ह्यूमन राइट्स कमीशन ऑफ़ पाकिस्तान ने भी इसे पाकिस्तानी औरतों के मौलिक अधिकारों की ख़िलाफ़-वरज़ी करार दिया है। पेशावर और बाज़ दूसरे शहरों में पीपुल्स पार्टी की ख़्वातीन ने इस औरत-दुश्मन रवैये के ख़िलाफ़ जुलूस निकाले हैं। पीपुल्स पार्टी की बेनज़ीर भुट्टो और मुस्लिम लीग (नवाज़) के मियाँ नवाज़ शरीफ़ ने कहा है कि इस समझौते पर दस्तख़त करने वाले मुकामी रहनुमाओं से शदीद बाज़पुर्स (जवाब-तलबी) होगी।

इस समझौते के बारे में पीपुल्स पार्टी के पॉलिटिकल वर्करों की प्रतिक्रिया बहुत सख़्त है। उनका कहना है कि उनकी पार्टी की चेयर पर्सन एक औरत (बेनज़ीर भुट्टो) है। चुनांचे ऐसी पार्टी इलेक्शन में औरतों के हिस्सा लेने पर पाबंदी के बारे में सोच भी नहीं सकती। इसी तरह मियाँ नवाज़ शरीफ़ की मुस्लिम लीग में बेगम कुलसूम नवाज़, बेगम तहमीना दौलताना और दूसरी बहुत-सी ख़्वातीन निहायत सरगर्मी से सियासी कार्रवाइयों में हिस्सा लेती रही हैं। इसकी तरफ़ से भी इस ख़बर पर कड़ी प्रतिक्रिया का इज़हार हुआ है।

कैसी दिलचस्प बात है कि अमेरिकी हुकूमत के इशारे पर पाकिस्तानी हुकूमत क़बायली (जनजातीय) इलाक़ों में भारी तोपख़ाने से गोलाबारी से भी परहेज़ नहीं करती और 'दहशतगर्दी के ख़िलाफ़ जंग' के नाम पर वहाँ दर्जनों लोग मार दिए जाते हैं। लेकिन बेचारी पाकिस्तानी औरतें! उनके सियासी हुकूक़ की हिफ़ाज़त के लिए गुलेल

भी नहीं चलाई जाती। शायद अब उत्तरी इलाक़ों की औरतों को भी अपने हुक़ूक़ हासिल करने के लिए अमेरिकी सद्र की तरफ़ देखना होगा कि हमारे यहाँ तो वही अन्नदाता हैं।

जहाँ तक देखने का सवाल है, तो इन दिनों कुछ शौक़ीन लोग फिल्म एक्टर और डायरेक्टर रहमान की फिल्में वीसीआर पर देख रहे हैं और उन ज़मानों को याद कर रहे हैं, जब आज का बंगलादेश, कल का पूर्वी पाकिस्तान था और बंगाल के हीरो रहमान ने पश्चिमी पाकिस्तान के मशहूर हीरोज़ को पीछे छोड़ दिया था। रहमान जो बंगाली फिल्मों का एक मक़बूल हीरो था, एक एक्सीडेंट में एक टाँग से महरूम हो गया था। ऐसे में भला कौन सोच सकता था कि वह दोबारा स्क्रीन पर नज़र आ सकता है, लेकिन कुछ लोग नामुमकिन को मुमकिन कर दिखाते हैं। रहमान उर्दू फिल्मों में उस वक़्त की एक बंगाली हीरोइन शबनम के साथ प्रकट हुआ और उन दोनों की जोड़ी ने धूम मचा दी। फिल्मों के शौक़ीन ये जानते थे कि उनके सामने जो हीरो गा रहा है, चल रहा है, किश्ती चला रहा है, उसकी एक टाँग नक़ली है, लेकिन उस हीरो की एक्टिंग इतनी जानदार, ज़िंदा और सहज थी कि लोग उसके दीवाने हो गए थे। रहमान और शबनम की 'तलाश', 'दर्शन', 'चाहत' और 'दो साथी' ने मुहम्मद अली, वहीद मुराद और नदीम जैसे मक़बूल हीरोज़ को पीछे छोड़ दिया था। इसके बाद उसने बाज़ सुपर हिट फिल्में डायरेक्ट कीं। आज की नई नस्ल रहमान से आशना नहीं, लेकिन पुरानी नस्ल को उसका चेहरा, उसकी चाल और उसकी आवाज़ सब कुछ याद है। बंगलादेश बना, तो रहमान हम से रुख़सत हुआ और अब लंबी बीमारी के बाद वह इस जहान से ही चला गया है। उसकी मौत की ख़बर उन लोगों को उदास कर गई, जिन्होंने अपनी जवानी में सिल्वर स्क्रीन पर उसके साथ ख़्वाब देखे थे और उसकी दर्दभरी आवाज़ से आवाज़ मिलाकर, उस ज़माने के मक़बूल गाने गुनगुनाए थे। यह सब गए दिनों की बातें हैं।

आज की हक़ीक़त तो यह है कि पाकिस्तान में भी फिल्म देखने वालों के दिलों पर अमिताभ बच्चन का राज है। अमिताभ की

'सरकार' जौक़-शौक़ से देखी जा रही है और कल सोनी पर 'विरुद्ध' का तआर्रुफी प्रोग्राम आया; तो क्या बूढ़े और क्या जवान, सभी आँखें जमाए बैठे थे, लेकिन लोगों को हैरत इस बात पर हुई कि उन्होंने अमिताभ को पहली मर्तबा इतने बहुत-से सिक्युरिटी गार्ड्स के घेरे में देखा। क्या वाक़ई 'सरकार' के बाद अमिताभ की जान को ख़तरा है?

31 जुलाई, 2005

बच्चों की मौत माँगती माँ

एक ज़माना था कि पाकिस्तानी ड्रामों की हिंदुस्तान में बहुत माँग थी। पाकिस्तान की मशहूर व मारूफ़ (सुप्रसिद्ध) ड्रामा निगार हसीना मुईन वहाँ इसी तरह पहचानी जाती थीं, जैसे आज पाकिस्तान में एकता कपूर की चर्चा है। हसीना ने यूँ तो बहुत से यादगार किरदार लिखे, लेकिन 'अकंल उर्फ़ी' के 'हसनात भाई' जैसा भरपूर किरदार वह दोबारा खुद भी न लिख सकीं। हसनात भाई का यह जुमला 'चक्कू (चाक़ू) है मेरे पास' पाकिस्तान के गली-कूचों में बोला जाता था और लोग उसे अपनी रोज़ाना की बातचीत में दोहराते थे। यह किरदार करोड़ों लोगों के ज़ेहनों पर आज भी नक़्श (छपा हुआ) है।

'हसनात' के इस जुमले को सुनकर मुझे हमेशा स्वर्गवासी पंडित रतननाथ सरशार की अज़ीम क्लासिकी दास्तान 'फ़साना-ए-आज़ाद' का किरदार मियाँ ख़ोजी याद आया। चार-साढ़े चार फ़ीट का एक धानपान-सा और तेज़ हवा के झोंके से गिर जाने वाला बुज़दिल शख़्स जो बात-बेबात लोगों को अपनी क़रोली (शिकारियों वाली छुरी) निकालने की धमकी देता था और उसकी यह धमकी लोगों को बेसाख़्ता हँसने पर मजबूर कर देती थी। बिलकुल इसी तरह हसनात भाई की आवाज़, उनका अंदाज़, उनके सिर पर रखी हुई तुर्की टोपी का झूलता फुँदना, उसकी बॉडी लैंग्वेज और उस पर से यह जुमला कि 'चक्कू है मेरे पास, चक्कू!' रोतों को हँसा देता था।

हिंदुस्तान में भी हसनात भाई ने लाखों लोगों को हँसाया और अब वही हँसाने वाला, अपने चाहने वालों को रोता छोड़ा गया है।

जमशेद अंसारी, जिन्होंने 'हसनात भाई' और दर्जनों दूसरे हँसने-हँसाने वाले यादगार किरदार अदा किए, हमसे रुख़सत हो चुके हैं। छप्पर होटल में चाय पीने, खोखे पर पान-बीड़ी बेचने वालों से लेकर फ़ाइव स्टार होटलों में ज़िंदगी गुज़ारने वाले, सभी उदास हैं कि अब ऐसी सूरत उन्हें भला कहाँ नजर आएगी।

जमशेद अंसारी ग़ैर मुनक़सिम (अविभाजित) हिंदुस्तान के शहर सहारनपुर में पैदा हुए। ग्रेजुएशन के बाद लंदन चले गए, जहाँ उन्होंने स्टेज और टेलीविज़न में काम करने की तरबियत (प्रशिक्षण) ली। लंदन में कुछ दिन उन्होंने बीबीसी के लिए काम किया। 1968 में पाकिस्तान आए। रेडियो पाकिस्तान के निहायत मक़बूल हफ़्तावार ड्रामे 'हामिद मियाँ के यहाँ' से अपनी फ़नकाराना ज़िंदगी का आग़ाज़ किया। टी.वी. का रुख़ किया, तो हसीना मुईन ने उन्हें अपने ड्रामों में एक मिज़ाहिया (हास्य) किरदार के तौर पर पेश किया। 'अंकल उर्फ़ी' के हसनात भाई की बेमिसाल कामयाबी के बाद, जमशेद अंसारी शोहरत के एक शानदार सफ़र पर निकले, तीस बरस बाद जिसके रास्ते में मौत आ खड़ी हुई। कुछ दिनों से वह ब्रेन कैंसर में मुब्तिला थे। करोड़ों को हँसाने वाला एक अज़ीयतनाक (कष्टप्रद) बीमारी से गुज़र कर हमसे रुख़सत हुआ।

रुख़सत तो पाकिस्तान से लोकल गवर्नमेंट के चुनाव भी हो गए हैं। सरकार इस बात पर खुश है कि उसकी प्लानिंग के मुताबिक़ खड़े हुए लोगों को झोली भर-भर कर वोट मिले। इस बात पर जश्न मनाया जा रहा है कि सरकार ने जैसा चाहा था, वैसा ही हुआ। जिस डिस्ट्रिक्ट से जितनी सीटों की ख़्वाहिश थी उतनी ही मिलीं, लेकिन इस रंग में भंग अपोज़ीशन पार्टी की औरतों ने डाल दिया है। पिछले हफ़्ते इस्लामाबाद में औरतों ने दो धरने दिए। एक धरना इस्लामाबाद प्रेस क्लब के सामने, मज़हबी सियासी जमातों की औरतों का वज़ीर-ए-दाख़िला (गृहमंत्री) के ख़िलाफ़ था। वह यह कह रही थीं कि सरकार औरतों के हुक़ूक़ (अधिकारों) की चैंपियन बनती है, लेकिन इसी सरकार के वज़ीर-ए-दाख़िला के हलक़े (क्षेत्र) में औरतों को वोट डालने से ज़बर्दस्ती रोका गया और उन्हें पोलिंग स्टेशन से

धक्के देकर निकाल दिया गया। दूसरा धरना इलेक्शन कमीशन ऑफ़ पाकिस्तान के दफ़्तर के बाहर हुआ। इसमें हिस्सा लेने वाली औरतों का कहना था कि शिमाली (उत्तरी) इलाक़ों में जहाँ औरतों को चुनाव में हिस्सा लेने और वोट डालने से रोका गया, वह मज़हबी सियासी जमातों के इत्तिहाद (गठबंधन) एमएमए की ज़िम्मेदारी है। यह औरतें क़ाज़ी हुसैन अहमद के ख़िलाफ़ नारे लगा रही थीं। औरतों के अलावा दोनों बड़ी पार्टियों मुस्लिम लीग (नवाज़) और पीपुल्स पार्टी ने भी इस चुनाव में बहुत शिद्दत से धाँधलियों का इलज़ाम लगाया है।

इलज़ाम कुछ लोग सरकार पर इस बात का भी लगाते हैं कि उसने अक्टूबर, 1999 में यह कहकर इक़्तिदार (सत्ता) पर क़ब्ज़ा किया था कि वह जनता की मुश्किलें दूर करेगी, लेकिन उनकी मुश्किलें दूर होना तो बड़ी बात है, बे-अंदाज़ा बढ़ गई हैं। बेरोज़गारी आम है। ग़ुरबत (ग़रीबी) पहले से बहुत ज़्यादा हो चुकी है। ग़ुरबत की वजह से खुदकुशी करने वालों की तादाद में इज़ाफ़ा हुआ है। यह ख़बरें अब हर दूसरे-तीसरे दिन आती हैं कि माँ ने तीन या चार बच्चों के साथ इसलिए खुदकुशी कर ली कि वह उन्हें एक वक़्त भी पेट भर कर खाना खिलाने के क़ाबिल नहीं थी। हमारे यहाँ एक इदारा (संगठन) एसपीडीसी है। सोशल प्लानिंग एंड डेवलपमेंट सेंटर को मुल्क के एक अहम और ज़िम्मेदार इदारे की हैसियत हासिल है। कुछ दिनों पहले उसकी सालाना रिपोर्ट में एक माँ का यह जुमला छपा था कि मैं रोज़ाना रात को अपने बच्चों की मौत की दुआ करती हूँ, इसलिए कि मैं उन्हें पेट भरकर खाना नहीं खिला सकती। उनके लिए कपड़े और जूते नहीं ख़रीद सकती। वह बीमार पड़ जाएँ, तो उनके लिए एस्प्रो की एक गोली ख़रीदना मेरे लिए मुमकिन नहीं। यह सिर्फ़ हमारे यहाँ की नहीं, आपके यहाँ की भी कहानी है और इन अलमनाक हक़ाइक़ (दुखद सच्चाइयों) के बावजूद दोनों ही मुल्क अपने वसाइल (संसाधन) हथियारों की ख़रीदारी और तैयारी पर ख़र्च करते रहते हैं। हमारे लीडर खुश होते हैं कि वह अपने मुल्क को मज़बूत बना रहे हैं और अवाम के तन-बदन को ग़ुरबत की दीमक खाती रहती है।

4 सितंबर, 2005

इज़राइली वज़ीर से मिलने पर हंगामा

इन दिनों हमारे यहाँ एक हाहाकार-सा मचा हुआ है और उसकी वजह पाकिस्तानी विदेश मंत्री खुर्शीद क़सूरी और इज़राइली विदेश मंत्री सिलवान शालोम के दरमियान हुई पहली सरकारी मुलाक़ात है। इन दोनों की मुसकराती हुई तस्वीर छपने से इस तरह का गुल मचा हुआ है, जैसे किसी लड़की और लड़के की मुलाक़ात को मुहल्ले के बड़े-बूढ़ों ने देख लिया हो और लेना, पकड़ना, जाने न पाए का शोर मचा दिया हो। उधर, पाकिस्तानी मंत्री ने यह ऐतराफ़ (स्वीकार) भी कर लिया है कि पर्दे के पीछे ऐसी मुलाक़ातें तो पिछले पच्चीस-तीस बरसों से हो रही थीं। वे लोग और सियासी हलक़े दबे होंठों से मुसकरा रहे हैं, जो हिंदुस्तान और इज़राइल से डायलॉग और बेहतर ताल्लुक़ात की बात करते थे और अवाम, जिसे नफ़रतों और दुश्मनी के नारों का दूध पिला कर पाला गया, हैरान और परेशान है।

इसके साथ ही पाकिस्तानी अख़बारों में दो लड़कियों की धूम है। दोनों की उम्र 18 बरस है और दोनों मुसलमान हैं। इनमें से पहली हिंदुस्तान की सानिया मिर्ज़ा है, जिसकी कामयाबियों पर खुशी का इज़हार किया जाता रहा। अख़बारात में उसकी रंगीन तस्वीरें छपती रहीं। पिछले इतवार को वह टेनिस की पहले नंबर की खिलाड़ी शारापोवा से हार गई, तो लोगों को गहरा दुख हुआ। इसके बावजूद लोग खुश हुए कि बर्रे-सग़ीर (उप-महाद्वीप) की एक लड़की ने अपनी मुसलसल मेहनत से इतनी बड़ी कामयाबी हासिल की कि वह पहले

नंबर की खिलाड़ी से मुक़ाबला कर सकी। यह एक बड़ी बात है और अगर वह इसी मेहनत से खेलती रहे, तो आइंदा उसकी कामयाबी के इमकानात (संभावनाएँ) बहुत रोशन हैं।

कामयाबी लंदन में रहने और ताशकंद में पैदा होने वाली हमासा कोहस्तानी को भी मिली है। वह पहली मुसलमान लड़की है, जिसने मुक़ाबला-ए-हुस्न (सौंदर्य प्रतियोगिता) में शिरकत की और मिस बरतानिया का टाइटिल हासिल किया। कुछ लोग उसके मुक़ाबला-ए-हुस्न में शिरकत पर नाराज़ भी हैं। उनके ख़याल में किसी मुसलमान लड़की को ऐसे किसी 'ग़ैर शरीफ़ाना' मुक़ाबले में हिस्सा नहीं लेना चाहिए। वैसे नाराज़ तो हिंदुस्तान के उलेमा सानिया मिर्ज़ा से भी हैं। शायद वे यह चाहते हों कि सानिया बुरक़ा पहनकर खेलने जाए। इन मुहतरम (सम्माननीय) बुज़ुर्गों को कौन समझाए कि हर खेल के अपने उसूल और क़ायदे होते हैं।

खेल पर याद आया कि सियासत भी एक खेल है और पाकिस्तानी अपोज़ीशन ने बहुत दिनों बाद अब जमकर सियासत के मैदान में अपना खेल दिखाने का फ़ैसला कर लिया है। तभी इस बात का इमकान है कि पाकिस्तान भर में अपोज़ीशन की शटर डाउन हड़ताल कामयाब हो जाए। अपोज़ीशन ने लोकल गवर्नमेंट चुनाव में बदतरीन धाँधलियों, बढ़ती हुई महँगाई और बेरोज़गारी, जराइम (अपराधों) में होने वाले तेज़ रफ़्तार इज़ाफ़े, इज़राइल से ताल्लुक़ात के आग़ाज़ और मुल्क में एक मुंतख़ब जम्हूरी हुकूमत (निर्वाचित लोकतांत्रिक सरकार) क़ायम करने के लिए हुकूमत के ख़िलाफ़ तहरीक (आंदोलन) चलाने का ऐलान किया है। अपोज़ीशन का कहना है कि मौजूदा हुकूमत फ़ौरी तौर पर इस्तीफ़ा दे, मियाँ नवाज़ शरीफ़ और बेनज़ीर भुट्टो को मुल्क में आने दिया जाए, तमाम सियासी क़ैदी रिहा किए जाएँ और एक आज़ाद और ख़ुद-मुख़्तार इलेक्शन कमीशन की निगरानी में आम इंतख़ाबात करवा के 1973 का आईन (संविधान) बहाल किया जाए। यह भी कहा जा रहा है कि अपनी इन माँगों को मनवाने के लिए अपोज़ीशन, प्रेसीडेंट हाउस के सामने धरना देने का प्रोग्राम बना रहा है।

शटर डाउन हड़ताल अगर कामयाब हो जाए, तब भी उससे हुकूमत की सेहत पर कोई असर नहीं पड़ेगा। ग़ैर जम्हूरी (अलोकतांत्रिक) हुकूमतों को गिराने के लिए बरसों की अवामी जद्दोजहद (जनांदोलन) की ज़रूरत पड़ती है। पड़ोसी मुल्क म्यांमार की मिसाल हमारे सामने है, जहाँ नोबल इनाम पाने वाली आंग सान सू की और उनके साथियों की मुसलसल जद्दोजहद (संघर्ष), जेल भरो तहरीक और हज़ारों सियासी कारकूनों (कार्यकर्त्ताओं) के जान दे देने के बावजूद फ़ौजी जरनैल अपनी गद्दियों पर जमे बैठे हैं और उनके इक़्तिदार (सत्ता) की पतंग अभी तक रंगून के आसमान पर अपनी बहार दिखा रही है।

लाहौर और दूसरे शहरों के आसमान पर पतंगें अपनी बहार मार्च में दिखाएँगी, लेकिन छह महीने पहले से वसंत मनाने की तैयारियाँ शुरू हो गई हैं। लाहौर में वसंत फेस्टिवल मनाने वाली तंज़ीमों का कहना है कि वह 2010 तक लाहौर को दुनिया भर में पतंगबाज़ी का सबसे बड़ा शहर बनाने का इरादा रखती हैं। ऐलान किया गया है कि वसंत की एक मुख़्तसिर तक़रीब (समारोह) 26 फरवरी को होगी। वसंत के जश्न का आग़ाज़ तीन मार्च को होगा और भरपूर वसंत पाँच मार्च को मनाई जाएगी। इस जश्न में शिरकत करने वालों के लिए कराची, रावलपिंडी, पेशावर और क्वेटा से लाहौर के लिए स्पेशल ट्रेनें चलाई जाएँगी। अमेरिका, यूरोप और मिडिल ईस्ट में रहने वाले पाँच हज़ार से ज़्यादा पाकिस्तानी इस जश्न में शिरकत के लिए पाकिस्तान आएँगे। एक ख़बर यह भी है कि ख़ुशी के इस मौक़े पर हिंदुस्तानियों को भी शरीक किया जाएगा और चंद दिनों के ख़ुसूसी वीज़े दिए जाएँगे, जैसे किसी ज़माने में क्रिकेट मैच के लिए दिए जाते थे। मल्टीनेशनल कंपनियों से वसंत मनाने वाली मुख़्तलिफ़ तंज़ीमें क़रार कर रही हैं। लाहौर में वसंत मनाने और पतंग उड़ाने की रिवायत (परंपरा) ढाई सौ बरस पुरानी है। इसी तरह अहमदाबाद में भी पतंगबाज़ी एक पुरानी रीत है। इस साल 30 पाकिस्तानियों का एक डेलीगेशन अहमदाबाद जाकर वहाँ पतंग मेले में शिरकत करेगा। अहमदाबाद जाने वाले पाकिस्तानी अपने साथ

एक हज़ार 'स्पेशल' पतंगें लेकर जाएँगे। इन पतंगों पर पाकिस्तान और हिंदुस्तान के परचम साथ-साथ छापे जा रहे हैं। अब उस दिन का इंतज़ार कीजिए, जब अहमदाबाद के आसमान पर अमन, दोस्ती और मुहब्बत का पैग़ाम देने वाली ये पतंगें उड़ाई जाएँ।

दो पतंगें मेरी तरफ़ से अहमदाबाद में रहने वाली गुजराती की मशहूर शायरा सरूप ध्रुव और कहानीकार बिंदू भट्ट के नाम, जिनसे पिछले बरस दिल्ली के आनंद ग्राम में कहानियों और शायरी पर खूब-खूब बातें रहीं। दोनों सलामत रहें, खुश रहें और अपने लफ़्ज़ों से दिलों को वसंती रंग में रंगती रहें।

11 सितंबर, 2005

रक़म लो इंसाफ़ दो

अक्टूबर, 1999 में जम्हूरियत का बिस्तर लपेट कर जब मुल्क भर में ख़ाकी ख़ेगे लगाए गए, तो इब्तिदाई (शुरुआती) दिनों में वीमेन एनजीओज़ की तरफ़ से नई हुकूमत की बहुत हिमायत की गई। यूनियन कौंसिल से पार्लियामेंट तक औरतों को नुमाइंदगी (प्रतिनिधित्व) दी गई। कुछ को ओहदे मिले, कुछ को फंड। औरतों को हुक़ूक़ देने बाबत हुकूमत के 'शानदार कामकाज' का शोर मचता रहा। इस दौरान जब भी किसी ने यह कहा कि सरकार आप से पहले आने वाले जनरल ज़ियाउलहक़ औरतों के ख़िलाफ़ पक्षपाती क़ानून बना गए थे। इन क़ानूनों ने उसे क़बायली, जागीरदाराना और वर्गभेद वाले समाज में पहले से कहीं कमज़ोर कर दिया है। उसके ख़िलाफ़ हिंसा में पहले के मुक़ाबले नाक़ाबिले यक़ीन हद तक इज़ाफा हुआ है। पाकिस्तानी औरत आपकी आने वाली नस्लों को दुआएँ देगी, इन काले क़ानूनों को ख़त्म कर दीजिए। लेकिन यह फरियाद कभी उनके कानों तक न पहुँची। हाँ, औरतों की वज़ारत में कुछ को बड़े-बड़े ओहदे मिलते रहे। हम यही सुनते और पढ़ते रहे कि हमारी हुकूमत का क्या रोशन चेहरा है। औरतों के लिए वह कैसी दयालु-धनवान साबित हुई है। लेकिन कुछ औरतों का कहना कुछ और था। उनमें से कुछ पाकिस्तान से बाहर रहती हैं। अब जब जनरल साहब यूएनओ की साठवीं सालगिरह के मौक़े पर न्यूयॉर्क पहुँचे, तो वहाँ वीमेन इश्यूज़ पर काम करने वाली औरतों ने ज़बर्दस्त नारे लगाए, धरना दिया

और प्रेस कान्फ्रेंस की। इसने जनरल साहब को इस क़दर तैश दिला दिया कि उन्हें ऐसी तमाम पाकिस्तानी औरतें 'पाकिस्तान-दुश्मन' दिखाई देने लगीं।

न्यूयॉर्क में यह मुखौटा, उस वक़्त उतर गया, जब उन्होंने 'वाशिंगटन पोस्ट' को इंटरव्यू देते हुए कथित तौर पर कह दिया—'बलात्कार पाकिस्तान में रुपये कमाने का एक धंधा बन गया है। बहुत से लोग कहते हैं कि अगर तुम्हें (औरतों को) मुल्क से बाहर जाना है और कनाडा का वीज़ा या वहाँ की शहरियत चाहिए, तो तुम अपने साथ एक बलात्कार करवा लो।'

इस जुमले का छपना था कि इंटरनेशनल और नेशनल प्रेस में हंगामा मच गया। पहले तो जनरल साहब ने कहा कि यह किसी और का जुमला था, जो मैंने दोहराया था, फिर जब कनाडा और दूसरे मुल्कों की अहम औरतों ने एहतजाज (विरोध) शुरू किया, तो उन्होंने कहा कि मैंने यह बात हरग़िज नहीं कही थी।

वह अपनी बात के कितने सच्चे हैं, इसका भला हमसे ज़्यादा किसको अंदाजा होगा। उन्होंने हलफ़ (शपथ) उठाया था कि वह पाकिस्तानी आईन (संविधान) की हिफ़ाज़त करेंगे, सो वह इस्लामाबाद के ऐवान-ए-सद्र में बैठकर उसकी भरपूर हिफ़ाज़त कर रहे हैं। उन्होंने यक़ीनन यह बात नहीं कही होगी, लेकिन गाँव के जिर्गे (पंचायत) के फ़ैसले की बुनियाद पर गैंग रैप होने वाली मुख़्तारॉं माई को उनकी तरदीद (खंडन) का यक़ीन नहीं आया। उसने फ़ौरन एक बयान दाग़ दिया—'मैंने पंचायत के फ़ैसले पर होने वाले गैंग रैप से जो दौलत कमाई है, वह मैं इंसाफ़ के बदले जनरल साहब को देने के लिए तैयार हूँ।' जनरल साहब, देंगे इंसाफ?

रक़म पर याद आया कि साबिक़ (पूर्व) सोवियत यूनियन के नोबल इनाम याफ़्ता साइंसदाँ (वैज्ञानिक) के नाम पर दुनिया का एक मशहूर इनाम 'सख़ारोफ़ प्राइज' हर साल यूरोपियन पार्लियामेंट की तरफ़ से दिया जाता है। इनाम के साथ एक भारी रक़म भी होती है। अब से पहले यह इनाम नेल्सन मंडेला, आंग सान सू की, तसलीमा नसरीन और कोफ़ी अन्नान को मिल चुका है। इस साल दुनिया भर

से जो दस लोग इस इनाम के लिए नामज़द किए गए हैं, उनमें एक नाम पाकिस्तान की मुख़्तारॉं माई का भी है।

लोक गायकी में बड़ा नाम जावेद नियाज़ी और साबिर नियाज़ी का है। ये दोनों पाकिस्तान के मशहूर लोक फ़नकार तुफ़ैल नियाज़ी के बेटे हैं, जिन्होंने जालंधर में जन्म लिया था। चंद दिनों पहले उन्होंने कराची में होने वाली ऑल पाकिस्तान म्यूज़िक कान्फ्रेंस में अपने गीत सुनाकर एक समाँ बाँध दिया। उनसे पहले हैदराबाद के उस्ताद अब्दुल्लाह खान की शहनाई ने लोगों को लूट लिया। यह वही शहनाई है, जो दुनिया में शोहरत रखने वाले हिंदुस्तान के उस्ताद बिस्मिल्लाह खाँ ने दी है। ये दोनों भाई यूँ तो सारी दुनिया में लोक गीतों से लोगों पर जादू करते रहे हैं, लेकिन पिछले दिनों उन्होंने गुरु ग्रंथ साहब के संकलन की 400वीं सालगिरह के मौक़े पर दिल्ली के इंडिया इंटरनेशनल सेंटर में अपने फ़न का मुज़ाहिरा किया था और दिल्ली वालों से दाद पाई थी। कराची में उन्होंने प्रोग्राम के आख़िर में जुदाई का पुरसोज़ गीत 'साडा चिड़ियाँ दा चंबा' सुनाया और महफ़िल अपने आँसू ख़ुश्क करती हुई उठी।

लेकिन उन बच्चों की माँओं के आँसू कैसे ख़ुश्क होंगे, जो कराची की एक ग़रीब बस्ती लाँढी में ज़हरीला पानी पीकर जान से गुज़र गए। दो दिन के अंदर एक हज़ार लोग शहर के अस्पतालों में दाख़िल किए जा चुके हैं और अब इलाक़े के रहने वालों में पीने का साफ़ पानी बाँटा जा रहा है। वे तस्वीरें छपी हैं, जिनमें बच्चे, बड़े-बूढ़े, औरतें और मर्द, देगची, बोतल और कनस्तर लिए हुए, एक-दूसरे को धक्का देते हुए, गिरते-पड़ते हुए पानी माँग रहे हैं और नलकों से आने वाला पानी देखकर उससे यूँ ख़ौफज़दा हैं, जैसे पानी न हो, काले नाग के दाँत से निकलने वाले ज़हर की बूँदें हों।

25 सितंबर, 2005

नाकाफ़ी इंतज़ाम बेबस इंसान

बहुत-से दूसरे मुल्कों की तरह हमारे यहाँ भी मज़हबी उग्रवाद की बाढ़ आई हुई है। एक-दूसरे की इबादतगाहों में घुसकर इबादत करने वालों को ख़ून में नहला देना अब कोई ख़ास ख़बर नहीं रही। नफ़रतों का यह दायरा फैला तो फैलता ही चला गया। क्या शिया क्या सुन्नी, क्या हिंदू, क्रिश्चियन या अहमदी, सब ही क़त्ल व ग़ारतगरी के इस जुनून का शिकार हुए। अक्टूबर को पंजाब में मंडी बहाउद्दीन से आठ किलोमीटर दूर एक छोटे-से क़स्बे मूँग में 26 अहमदी नमाज़ अदा कर रहे थे। तीन मोटरसाइकिल सवार आए, टहलते हुए अंदर गए और इन नमाज़ियों पर गोलियों की बारिश करके निहायत सुकून से अपने रास्ते गए। उनमें से आठ नमाज़ी तो उसी वक़्त ख़त्म हुए, बाक़ी अपने ज़ख़्मों के साथ अस्पताल पहुँचा दिए गए। हुकूमत के आला अफ़सरान ने हस्ब-ए-मामूल रस्मी ताज़ियत (औपचारिक संवेदना व्यक्त) की, मुजरिमों को कड़ी सज़ा देने का वादा किया। हलाक होने वालों के वारिसों को एक लाख और ज़ख़्मी होने वालों को पचास हज़ार रुपये देने का ऐलान हुआ और सारा मामला निपट गया। इस मामले को अभी 48 घंटे नहीं गुज़रे थे कि इस्लामाबाद पाकिस्तानी कश्मीर और शिमाली (उत्तरी) इलाक़ों पर क़यामत टूट पड़ी। उन बेबस और बे-आसरा लोगों को शायद आपने भी टेलीविज़न स्क्रीन पर देखा होगा जो गिरी हुई इमारतों के मलबे के सामने सिर झुकाए बैठे थे। जिन्हें मालूम था कि उनके प्यारे इस मलबे के नीचे मौजूद

हैं, जिनकी चीख़ें उन तक आ रही थीं लेकिन वह उनकी मदद को नहीं पहुँच सकते थे। उन्होंने अपने हाथों फावड़ों, बेलचों और सरियों से जितनी कोशिश मुमकिन थी कर ली, लेकिन उनके पास वह भारी मशीनें और औज़ार नहीं थे जिनसे सरिया काटा जाता है, जिनसे टनों मलबा उठाया जाता है और आफ़त का शिकार होने वालों को निकाला जाता है। इन लोगों में वह माँ-बाप और भाई-बहन भी थे, जो स्कूल की इमारत के मलबे के नीचे फँसी हुई प्राइमरी की बच्चियों और उनकी टीचरों के लिए सिर्फ़ दुआ ही कर सकते थे। इनमें वह भी थे जो मुज़फ़्फ़राबाद, मानसहरा और बालाकोट की धँसी हुई इमारतों से झाँकती लाशों को देख सकते थे। लेकिन उन्हें निकालना उनके लिए मुमकिन नहीं था।

यह लोग जानते हैं कि ज़मीनी आफ़त के सामने इंसान बेबस हो जाता है। लेकिन वह यह भी जानते हैं कि एटमी ताक़त रखने वाले मुल्क अपने शहरियों को मलबे के नीचे मरने के लिए नहीं छोड़ते। वह इस हक़ीक़त से भी आगाह हैं कि अमेरिका में 102 मंज़िला ट्विन टावर गिरे तो मिनटों में इस तरह के संकटों से निपटने वाली मशीनरी हरकत में आ गई थी। दो दिन गुज़र जाने के बाद उन्होंने सरकारी अफ़सरों का यह बयान सुना कि इस्लामाबाद में गिरने वाले मार्गला टावर्ज़ का मलबा हटाने में दो रोज़ और लग सकते हैं और ऐन उसी वक़्त उनके कानों में इमदादी काम (राहत कार्य) करने वाले बेग़रज (निःस्वार्थ) शख़्स अब्दुस्सत्तार ऐधी की आवाज़ भी पहुँच रही थी कि मलबा हटाने में ख़ासी देर की गई। यह बारह घंटे का काम था। अब ऐधी साहब को कौन समझाए कि राजधानी में संकट और आपात्कालीन हालात से निपटने का कोई इंतज़ाम न था। न क्रेनें मौजूद थीं, न सरिया काटने का इंतज़ाम था। बिजली की सप्लाई कट चुकी थी। और जनरेटर मौजूद न थे, जिनसे इमदादी काम जारी रखा जा सकता। वह शहर जहाँ प्राइम मिनिस्टर हाउस, पार्लियामेंट हाउस और टेलीविज़न सेंटर पर क़ब्ज़ा करना हो तो यह काम चाक़-ओ चौबंद फ़ौजी नौजवान आधे घंटे में कर गुज़रते हैं। वहाँ इतने बड़े हादसे के बाद उन जवानों को पहुँचने में कई घंटे लग गए। उस

वक़्त तक आम शहरी अपने हाथों, बेलचों और कुदालों से मलबा हटाने और लोगों को निकालने की अपनी-सी कोशिश करते रहे। राजधानी के ख़ुशहाल इलाक़े में जब इमदादी काम का यह आलम था, तो अंदाज़ा लगाया जा सकता है कि मानसहरा, बालाकोट, मुज़फ़्फ़राबाद, हज़ारा और शिमाल (उत्तर) की दूरदराज़ बस्तियों का क्या हाल हुआ होगा। अपने प्यारों को मलबे में पल-पल मौत के मुँह में जाते हुए महसूस करने की नाक़ाबिल-ए-बयान अज़ीयत (कष्ट) से गुज़रते हुए लोग अगर टी.वी. कैमरों के सामने आह व बुका (मातम) कर रहे थे। अगर वह यह कह रहे थे कि 48 घंटों के बाद भी उनकी मदद को कोई सरकारी अमला नहीं पहुँचा, अगर वह शहरी रज़ाकारों (सामाजिक कार्यकर्त्ताओं) का हाथ थामकर आँसू बहा रहे थे, अगर उनमें से चंद चीख़ रहे थे कि हम, हर सरकारी गाड़ी को आग लगा देना चाहते हैं, अगर उन्हें टी.वी. कैमरों के सामने खड़े होकर इमदादी कार्रवाइयों की तफ़सीलात बयान करने वाले वज़ीरों और मुशीरों (सलाहकारों) पर ग़ुस्सा था, तो क्या वह सही नहीं थे? वह स्कूल जिसमें चार सौ से ज़्यादा बच्चियाँ ज़िंदा दफ़न हो गईं, वह इमारतें जिनके लोग इसलिए न बचाए जा सके कि उन्हें बचाने का सामान मौजूद न था, इन भरपाई न हो सकने वाले नुक़सानात पर मातम करने वालों को इसकी समझाइश देना कि वह सब्र करें और शिकायतें न करें, उनके ज़ख़्मों पर नमक छिड़कने जैसा है।

लोग यह सवाल भी करते हुए सुने गए कि हम जो सालोसाल से सियाचिन की बुलंदियों पर क़ाबिज़ हैं, जो कुछ दिनों पहले कारगिल में एडवेंचर कर चुके हैं, क्या उनके पास इतने मिलिट्री हेलीकॉप्टर भी नहीं जो आफ़तज़दा शहरियों की मदद को पहुँच सकें? यह कैसी अजीब बात है कि सातवीं जौहरी (एटमी) ताक़त होने के बावजूद हमारे हुक्मरान दूसरे मुल्कों से मिलिट्री हेलीकॉप्टर भेजने की दरख़्वास्त कर रहे हैं। यह दुरुस्त है कि इतनी बड़ी आफ़त आने के बाद दुनिया के तमाम मुल्क एक-दूसरे की मदद को पहुँचते हैं लेकिन यह तो न हो कि पहले ही दिन फ़ौजी हेलीकॉप्टर की दुहाई दी जाए।

इस्लामाबाद के मार्गला टावर्ज के बारे में जनरल ज़ियाउलहक़

के बेटे ऐजाज़ुलहक़ जो राज्यमंत्री हैं, ने कहा कि यह इमारत ज़लज़ले का झटका इसलिए बर्दाश्त न कर सकी कि इसमें घटिया सामान इस्तेमाल किया गया था। उन्होंने बताया कि इस इमारत को दस महीने पहले रिहाइश के लिए ख़तरनाक क़रार दे दिया गया था, लेकिन इसमें रहने वाले इसे छोड़ने को तैयार नहीं थे, क्योंकि उन्होंने इसे एक से डेढ़ करोड़ की भारी रक़म अदा करके ख़रीदा था। कहने वाले तो यह भी कह रहे हैं कि वज़ीरे मुहतरम की ज़बान से यह बेसाख़्ता सच भी इसलिए निकल गया कि इस टावर में उनकी एक क़रीबी रिश्तेदार भी ख़त्म हुई हैं।

16 अक्टूबर, 2005

बंदूक़ नहीं, बातचीत

चंद दिनों पहले दिल्ली में 'दिल से दिल कान्फ्रेंस' ख़त्म हुई। इसमें पाकिस्तानी और हिंदुस्तानी कश्मीर के लीडर 57 बरस बाद पहली मर्तबा मिलकर बैठे और खुलकर एक-दूसरे से बातें कीं और इस बात पर आग्रह किया गया कि माज़ी की तल्ख़ियों को भुलाकर मसले का पुरअमन हल निकाला जाए। इस कान्फ्रेंस में पाकिस्तानी कश्मीर के सरदार अब्दुल क़य्यूम ख़ान का शरीक होना एक बहुत बड़ी ख़बर थी। यह वही सरदार क़य्यूम हैं, जिन्होंने नीलाबट के मुक़ाम पर पहली गोली चलाई थी और उन्हें 'मुजाहिदे अव्वल' (प्रथम सिपाही) का ख़िताब दिया गया था। बरसों से वह कश्मीर में जिहाद की हिमायत करते रहे हैं, लेकिन अब जबकि बर्रे-सग़ीर (उपमहाद्वीप) में अमन की हवा चली है और दोनों तरफ़ से इस मसले के हल की संजीदा कोशिश हो रही हैं, सरदार क़य्यूम ने भी हालात और वाक़यात की रोशनी में अपनी सोच बदल दी है। दिल्ली से ख़बर आई है कि वहाँ उन्होंने कांग्रेसी लीडर अशोक भान के यहाँ पत्रकारों से बातें करते हुए जहाँ हथियार उठाकर संघर्ष करने वालों को 'मुजाहिद' के बजाय 'दहशतगर्द' कहा, वहीं उन्होंने यह भी कहा, 'तशद्दुद (हिंसा) मसले का हल नहीं है। अब जम्मू-कश्मीर में बंदूक़ के लिए कोई जगह नहीं है और बेक़सूर अवाम का ख़ून नहीं बहाना चाहिए। रियासत में तशद्दुद का बदतरीन असर यह हुआ कि कश्मीरी पंडितों को रियासत छोड़ कर जाना पड़ा, जिसकी वजह से कश्मीरी समाज

के सेक्यूलर ढाँचे को बहुत नुकसान पहुँचा। बंदूक़ ने हर मज़हब और हर फ़िरक़े के लोगों को मौत के घाट उतार दिया।'

सरदार अब्दुल क़य्यूम ख़ान की यह सोच उस वक़्त सामने आई है, जब कश्मीर में ख़ून की नदियाँ बह चुकीं। लाखों बेघर हो चुके, हज़ारों अपनी जान से जा चुके। लेकिन पाकिस्तान में ऐसे लोग हमेशा से मौजूद रहे हैं, जो समझते हैं कि इस मसले का हल बंदूक़ की नाल से नहीं निकल सकता। इन लोगों को इस बात की ख़ुशी है कि सरदार अब्दुल क़य्यूम ख़ान ने भी शांति वार्ता की ज़रूरत को समझा और हिम्मत का सबूत देते हुए अपनी सोच को तब्दील किया। ऐसे लोगों की तारीफ़ एक तरफ़, लेकिन ज़्यादा तादाद उन लोगों की है, जो उनसे नाराज़ हैं। कुछ पत्रकारों ने उन पर कॉलम लिखे हैं और उन्हें 'मुजाहिदे आख़िर' क़रार दिया है।

पाकिस्तान में कश्मीर के हवाले से हिंदुस्तान के एक मशहूर क़ानूनदाँ, पूर्व मंत्री और इंडियन कश्मीर कमेटी के चेयरमैन राम जेठमलानी के इस बयान की चर्चा है, जिसमें उन्होंने कहा है कि अगर दुनिया में मसाइल हल करने और करवाने हैं, तो वह दोस्ती का रिश्ता जोड़कर ही किए जा सकते हैं। उन्होंने कहा कि हिंदुस्तान, फ़िलिस्तीन का समर्थक है इसलिए पाकिस्तान और इज़राइल के ताल्लुक़ात अच्छे हो जाते हैं, तो उससे फ़िलिस्तीनियों को ज़्यादा फ़ायदा होगा और इज़राइल कश्मीर के बारे में अपनी राय बेहतर करेगा।

दोनों मुल्कों में अमन के लिए राय बेहतर हो रही है। चाहे वह तिजारत के मामले हों यो खेल का मैदान, रेल, बस, हवाई संपर्क हो या वीज़ा की सहूलियतें हों। करोड़ों लोगों की निगाहें बातचीत करने वालों पर जमी हैं। हुक्मरान अपने झगड़े तह करके ताक़ पर रखें, तब ही दोनों मुल्कों से भुखमरी, बेरोज़गारी और जहालत का ख़ात्मा हो सकता है। बंदूक़ों के ढेर लगाने से तो कुछ नहीं होने का।

· बंदूक़ों के ढेर अगर दोनों मुल्कों के हालात बेहतर बना सकते, तो दिल्ली और कराची में भिखारियों के झुंड के झुंड नज़र न आते।

कराची की ग़रीब बस्तियों में ऐसे दर्जनों होटल हैं, जहाँ रोज़ाना आपको एयर कंडीशंड गाड़ियों से उतरते हुए मालदार लोग नज़र आएँगे। ये वे लोग हैं, जो इन होटलों के मालिकों को 25-50 और कभी-कभी 100-200 लोगों के खाने की रक़म दे कर चले जाते हैं। ऐसे होटलों के बाहर भूखों की एक लंबी क़तार रोज़ाना होती है, जिन्हें होटलों के मालिक, सुबह का नाश्ता, दोपहर और रात का खाना देते हैं। बहुत-से लोग तो इन होटलों पर हर रोज़ नज़र आते हैं। इनमें नशा करने वालों, औरतों और बच्चों की तादाद ज़्यादा होती है। वे लोग, जो मुफ़्त खाना खिलाने के लिए रक़म देकर जाते हैं, वह अकसर अपने किसी मुलाज़िम को भी भूखों की इस क़तार में बिठा देते हैं, ताकि उन्हें मालूम हो सके कि लोगों को दिया जाने वाला खाना बहुत मामूली या कम मिक़दार में तो नहीं दिया जा रहा। इसी तरह वे भूखे भी हैं, जिन्हें अगर दो रोटी मिलती हैं, तो वे एक खाते हैं और दूसरी उसी होटल के मालिक को आधी क़ीमत पर बेच देते हैं। आख़िर भूख के अलावा ज़िंदगी की दूसरी ज़रूरतें भी होती हैं।

हिंदुस्तान मेरे लिए घर-आँगन है। साल में दो-तीन फेरे लगते हैं। मैंने वहाँ भी ग़रीबी देखी है और अपने यहाँ भी। काश! करोड़ों इंसानों की भूख और बीमारी को दोनों मुल्कों के लीडर महसूस कर सकें और जब हिंदुस्तान-पाकिस्तान के दरमियान अमन की बात करने बैठें, तो उन ग़रीबों के दुख भी याद रखें।

याद तो शायद बँटवारे से पहले लाहौर में रहने वालों को अनारकली बाज़ार में मुहकम की बेकरी के केक, बिस्किट और ख़ताइयाँ भी हों। अगर लाहौर का फेरा लगाएँ, तो अनारकली जाना न भूलें, जहाँ वह बेकरी आज भी मौजूद है, जिसे जालंधर से आने वाले मुहकम दीन ने 1879 में क़ायम किया था। लाहौरी हमेशा से चटपटे खानों, मिठाइयों और बिस्किटों के रसिया रहे हैं। कारोबार ख़ूब चमका। 'सारे जहाँ से अच्छा हिंदोस्ताँ हमारा' वाले अल्लामा इक़बाल वहीं से केक और बिस्किट ख़रीदते थे। जिन्ना साहब, पंडित नेहरू दोनों ने इस बेकरी की मिठास से जी ख़ुश किया।

1968 में ज़ुल्फ़िक़ार अली भुट्टो ने यहाँ से बेनज़ीर भुट्टो

के लिए केक ख़रीदा और 1974 में युगांडा के पूर्व राष्ट्रपति ईदी अमीन ने भी यहाँ से ख़रीदारी की थी। 1879 में लाहौर आने वाले मुहकम दीन के पड़पोते मुहकम नक़वी ने वकालत पढ़ी, लेकिन एक दिन भी वकालत नहीं की। उन्हें अपने इस कारोबार से इश्क़ है। वह मांचेस्टर से पेकिंग में डिप्लोमा ले आए हैं और मुसलमानों, ईसाइसों, पारसियों और हिंदुओं के त्योहारों पर अपने ख़रीदारों के लिए ख़ास अहतमाम (व्यवस्था) करते हैं और क्यों न करें कि अपने पुरखों की रिवायत (परंपरा) से जुड़े रहना हमारे बर्रे-सग़ीर की पुरानी रिवायत है।

2 अक्टूबर, 2005

रमज़ान में फ़क़ीरों की भरमार

आज से 35 बरस पहले जब मेरे इसरार (आग्रह) पर मेरी अम्मी ने अपना बुरक़ा उतारा, तो मुझे बेहद खुशी हुई। यूँ महसूस हुआ था, जैसे वह बरसों की क़ैद से आज़ाद हो गई हैं। यह वह ज़माना था, जब कराची या लाहौर में बुरक़ा पिछड़ेपन की अलामत था। उस ज़माने में स्कूल और कॉलेजों में पढ़ने वाली लड़कियों और उनकी माँओं ने हज़ारों की तादाद में बुरक़े उतारे। पीपुल्स पार्टी और जुल्फ़िक़ार अली भुट्टो का दौर आया, तो बेशुमार औरतें सियासत में आईं और उन्होंने बुरक़े उतारे। कुछ ने चादरें ओढ़ीं और कुछ ने इसकी ज़रूरत भी न समझी। लेकिन 1977 में जब जनरल ज़ियाउलहक़ ने भुट्टो साहब को हटा कर हुकूमत पर क़ब्ज़ा किया, तो 'चादर और चारदीवारी' का नारा लगाया। औरतों के ख़िलाफ़ क़ानून बनाए गए। उधर, अफ़ग़ानिस्तान में अमेरिका की दौलत से सोवियत यूनियन के ख़िलाफ़ जेहाद शुरू हुआ। मज़हबी एनजीओज़ पर डॉलरों की बरसात होने लगी। ऐसे में मग़रिब (पश्चिम) में रहने वाली बहुत-सी आला तालीम याफ़्ता पाकिस्तानी औरतों को भी इस्लाम याद आया। अरबी नाम वाली एनजीओज़ बनाई गईं। कराची, इस्लामाबाद, लाहौर के फाइव स्टार होटलों में अंग्रेज़ी लहजे में उर्दू बोलने वाली इन पी-एच.डी. औरतों ने अपर क्लास की औरतों को 'दर्स' (प्रवचन) देना शुरू किया। उन्हें याद दिलाया गया कि अगर उन्होंने 'परदा' (जिसे हिजाब भी कहा जाता है) नहीं शुरू किया, तो जहन्नुम में जलाई जाएँगी। अपर क्लास हमेशा अहसासे जुर्म

(अपराध बोध) का शिकार रहती है, सो अब बरसों से यह बात आम है कि महँगे कपड़े पहनने, ब्यूटी पॉर्लर में वक़्त गुज़ारने वाली और हीरे-जवाहरात से लदी औरतें कराची जिमख़ाना या फ़ाइव स्टार होटलों के एयर कंडीशंड हॉल्स में आती हैं, दर्स सुनती हैं और नए फ़ैशन के महँगे और रेशमी बुरक़ों में लिपटी-लिपटाई अपनी एयर कंडीशंड गाड़ियों में अपने लंबे-चौड़े घरों को लौट जाती हैं। 'इस्लाम' उन्हें सिर्फ़ क़ीमती बुरक़े पहनने में नज़र आता है। उनके घरों में काम करने वाली औरतों या मर्दों का हाल देखिए, तो राजों-महाराजों के महलों में काम करने वाली बांदियाँ और ग़ुलाम याद आ जाते हैं। मग़रिबी यूनिवर्सिटियों से पी-एच.डी. करने वाली इन औरतों को आम पाकिस्तानी औरत के साथ होने वाले ज़ुल्म नज़र नहीं आते, न वे उसके ख़िलाफ़ आवाज़ उठाती हैं। वह लखपति और करोड़पति बीवियों और बेटियों को इस्लाम का दर्स देती हैं और वापस अमेरिका या कनाडा चली जाती हैं। अपने पीछे रेशमी बुरक़ों की बहारें छोड़ जाती हैं और लाखों के नज़राने ले जाती हैं।

इन दिनों कराची में सड़कों पर फ़क़ीर औरतों, मर्दों और बच्चों की बहारें भी दिखाई देने लगी हैं और क्यों न हों, रमज़ान जो शुरू हो रहे हैं। रमजान के आने से पहले ही पाँच वक़्त नमाज़ पढ़ने और एक भी रोज़ा न छोड़ने वाले बेशतर दुकानदार और आढ़ती हर चीज़ के दाम बढ़ा देते हैं। शहर वालों पर एक तरफ़ महँगाई हमला करती है और इससे बड़ा हमला फ़क़ीरों का होता है। एक अख़बार का कहना है कि दक्षिणी पंजाब और सिंध के दूसरे शहरों से आने वाले ये फ़क़ीर पूरे-पूरे ख़ानदान के साथ आते हैं और शहर के मुख़्तलिफ़ इलाक़ों में फुटपाथ या किसी खुले मैदान में ठहर जाते हैं। इस वक़्त उनकी तादाद तीस हज़ार से पचास हज़ार तक पहुँच चुकी है। ये रेल और बसों के ज़रिए आते हैं और पुलिस से इनका भत्ता तय होता है, इसलिए वह इन्हें कुछ नहीं कहती। पुलिस अपनी 'ईदी' का इंतज़ाम करती है और फ़क़ीर अपनी 'ईदी' का। मारे जाते हैं आम शहरी, जिनका बाज़ार में निकलना, ख़रीदारी करना या पैदल चलना एक अज़ाब हो जाता है।

अज़ाब तो यह भी है कि डेढ़ करोड़ का शहर और पानी को तरसता है। लोग पानी ख़रीद कर पीते और इस्तेमाल करते हैं। हुकूमत की तरफ़ से जो पानी मिलता है, वह इस क़दर ख़राब है कि उसे पीने वाले दर्जनों बच्चे और बड़े मर चुके हैं। हज़ारों अस्पतालों में पड़े हैं।

एक बार पहले पाकिस्तान के एक बड़े टी.वी. आर्टिस्ट जमशेद अंसारी के बारे में लिख चुकी हूँ। वह ज़िंदा थे, तो करोड़ों को हँसाते थे, इस जहान से गुज़रे, तो उनके चाहने वालों ने उनका ग़म मनाया। बहुत-से जलसे किए, उनकी बातें याद कीं। अब पाकिस्तान टी.वी. उनका सबसे मशहूर सीरियल 'अंकल उर्फ़ी' फिर टेलीकास्ट कर रहा है, जिसे हसीना मुइन ने लिखा था। एक बार फिर लड़के-बाले गली-कूचों में उनका मशहूर जुमला 'चक़्कू है मेरे पास' दोहराते फिरेंगे।

इन दिनों वे लोग उदास फिर रहे हैं, जिन्होंने अपनी जवानी के ख़ूबसूरत दिन फिल्म के शौक़ में गुज़ारे थे। उन्होंने पिछले बीस-पच्चीस बरसों में शहर कराची के मशहूर सिनेमाघरों को बंद होते और उनकी जगह शॉपिंग प्लाज़ा बनते देखा है। कराची का एक तारीख़ी सिनेमाघर लीरिक था। चंद दिनों पहले वह भी बंद हो गया। उसे अगरबत्ती बनाने वाली एक कंपनी ने ख़रीद लिया है और अब उसे गिरा कर यहाँ शॉपिंग माल बनेगा। लीरिक सिनेमा में जनरल अय्यूब खाँ, जुल्फ़िक़ार अली भुट्टो और कई दूसरे सियासतदाँ फ़िल्में देख चुके हैं। लीरिक का शुमार (गिनती) कराची के अहम और बड़े सिनेमाघरों में होता था। पाकिस्तानी फिल्म इंडस्ट्री इतनी फ़िल्में नहीं बनाती कि इन पिक्चर हाउसेज़ की ज़रूरतों को पूरा कर सके। हिंदुस्तानी फिल्मों पर आज से नहीं, चालीस बरस से पाबंदी है। सिनेमा मालिक यह कहते हैं कि अगर आज हिंदुस्तान से फ़िल्मों के आने की इजाज़त हो, तो कल से पिक्चर हाउस मुनाफ़ा देने वाला कारोबार हो जाएगा और साल भर के अंदर कई नये सिनेमाघर बन जाएँगे। इस वक़्त सिर्फ़ कराची में 110 में से 80 सिनेमाघर गिराए जा चुके हैं। शहर वाले जो पहले भी अच्छी फ़िल्मों को तरसते थे, अब तो इनसे बिलकुल ही महरूम (वंचित) हो चुके हैं। ख़ासतौर से औरतों

ने तो पिक्चर हाउस का रुख़ करना ही छोड़ दिया है।

एक ज़माना था, जब कराची एक छोटा और ख़ूबसूरत शहर होता था। उन दिनों इसकी सड़कों पर तेज़ रफ़्तार ट्रामें दौड़ती थीं और सड़कें पानी से धुलती थीं। अब गटर का गंदा पानी इसके शहरियों को नहलाता रहता है और बेक़ाबू बसें उन्हें मौत के घाट उतारती हैं। बात हो रही थी बीते दिनों की। उन्हीं दिनों की बात है कि 8 जुलाई, 1934 को महात्मा गाँधी कराची आए और उन्होंने कराची इंडियन मर्चेंट एसोसिएशन की बिल्डिंग का संगे बुनियाद (आधारशिला) रखा। यह इमारत अब कुछ से कुछ हो चुकी है। महात्मा गाँधी के नाम की शिला हाल ही में बनने वाले फुटपाथ के नीचे दफ़न हो चुकी है। उसकी एक हूबहू नक़ल बनाकर लगाई गई है लेकिन उस पर भी किसी दीवाने ने स्प्रे गन से 'क़ातिल' लिख दिया। इससे ज़्यादा शर्म की बात भला और क्या हो सकती है कि महात्मा गाँधी, जो हिंदुस्तानी मुसलमानों की ख़ातिर क़त्ल हुए, उन्हीं के नाम पर 'क़ातिल' लिख दिया जाए। गाँधी जी, हम बहुत शर्मिंदा हैं।

9 अक्टूबर, 2005